# DE MENINA À MULHER

Editora Appris Ltda.
1.ª Edição - Copyright© 2023 dos autores
Direitos de Edição Reservados à Editora Appris Ltda.

Nenhuma parte desta obra poderá ser utilizada indevidamente, sem estar de acordo com a Lei nº 9.610/98. Se incorreções forem encontradas, serão de exclusiva responsabilidade de seus organizadores. Foi realizado o Depósito Legal na Fundação Biblioteca Nacional, de acordo com as Leis nos 10.994, de 14/12/2004, e 12.192, de 14/01/2010.

Catalogação na Fonte
Elaborado por: Josefina A. S. Guedes
Bibliotecária CRB 9/870

| | |
|---|---|
| P436d<br>2023 | Pereira, Célia Sousa<br> De menina à mulher / Célia Sousa Pereira. – 1. ed. – Curitiba : Appris, 2023.<br>131 p. ; 23 cm. – (Educação tecnologias e transdisciplinaridade).<br><br>Inclui referências.<br>Título da coleção geral.<br>ISBN 978-65-250-5378-3<br><br> 1. Meninas. 2. Medo. 3. Identidade de gênero. 4. Escolas.<br>5. Currículo. I. Título. II. Série.<br><br>CDD – 305.23 |

Livro de acordo com a normalização técnica da ABNT

**Appris**
*editora*

Editora e Livraria Appris Ltda.
Av. Manoel Ribas, 2265 – Mercês
Curitiba/PR – CEP: 80810-002
Tel. (41) 3156 - 4731
www.editoraappris.com.br

Printed in Brazil
Impresso no Brasil

Célia Sousa Pereira

# DE MENINA À MULHER

# FICHA TÉCNICA

EDITORIAL — Augusto Coelho
Sara C. de Andrade Coelho

COMITÊ EDITORIAL — Marli Caetano
Andréa Barbosa Gouveia - UFPR
Edmeire C. Pereira - UFPR
Iraneide da Silva - UFC
Jacques de Lima Ferreira - UP

SUPERVISOR DA PRODUÇÃO — Renata Cristina Lopes Miccelli

PRODUÇÃO EDITORIAL — Bruna Holmen

REVISÃO — Monalisa Morais Gobetti

DIAGRAMAÇÃO — Jhonny Alves dos Reis

CAPA — Lívia Costa

## COMITÊ CIENTÍFICO DA COLEÇÃO EDUCAÇÃO, TECNOLOGIAS E TRANSDISCIPLINARIDADE

DIREÇÃO CIENTÍFICA — Dr.ª Marilda A. Behrens (PUCPR) — Dr.ª Patrícia L. Torres (PUCPR)

CONSULTORES — Dr.ª Ademilde Silveira Sartori (Udesc) — Dr.ª Iara Cordeiro de Melo Franco (PUC Minas)

Dr. Ángel H. Facundo
(Univ. Externado de Colômbia) — Dr. João Augusto Mattar Neto (PUC-SP)

Dr.ª Ariana Maria de Almeida Matos Cosme
(Universidade do Porto/Portugal) — Dr. José Manuel Moran Costas
(Universidade Anhembi Morumbi)

Dr. Artieres Estevão Romeiro
(Universidade Técnica Particular de Loja-Equador) — Dr.ª Lúcia Amante (Univ. Aberta-Portugal)

Dr. Bento Duarte da Silva
(Universidade do Minho/Portugal) — Dr.ª Lucia Maria Martins Giraffa (PUCRS)

Dr. Claudio Rama (Univ. de la Empresa-Uruguai) — Dr. Marco Antonio da Silva (Uerj)

Dr.ª Cristiane de Oliveira Busato Smith
(Arizona State University /EUA) — Dr.ª Maria Altina da Silva Ramos
(Universidade do Minho-Portugal)

Dr.ª Dulce Márcia Cruz (Ufsc) — Dr.ª Maria Joana Mader Joaquim (HC-UFPR)

Dr.ª Edméa Santos (Uerj) — Dr. Reginaldo Rodrigues da Costa (PUCPR)

Dr.ª Eliane Schlemmer (Unisinos) — Dr. Ricardo Antunes de Sá (UFPR)

Dr.ª Ercilia Maria Angeli Teixeira de Paula (UEM) — Dr.ª Romilda Teodora Ens (PUCPR)

Dr.ª Evelise Maria Labatut Portilho (PUCPR) — Dr. Rui Trindade (Univ. do Porto-Portugal)

Dr.ª Evelyn de Almeida Orlando (PUCPR) — Dr.ª Sonia Ana Charchut Leszczynski (UTFPR)

Dr. Francisco Antonio Pereira Fialho (Ufsc) — Dr.ª Vani Moreira Kenski (USP)

Dr.ª Fabiane Oliveira (PUCPR)

*Aos meus filhos e ao meu companheiro, por terem me ensinado muito e compreendido minhas ausências.*

# AGRADECIMENTOS

Agradeço ao Pai primeiro, "causa primeira de todas as coisas", por nos ter presenteado com uma porção de Seu amor e de Sua sabedoria, minha família, minha orientadora Maria José de Oliveira, que me ensinou a ser pesquisadora, a menina que fui e àquelas que passaram por minha vida.

*A raça humana vem saqueando a Terra de forma insustentável e dar às mulheres maiores poder de decisão sobre o seu futuro pode salvar o planeta da destruição.*

*(Assim começa o relatório oficial de 2001, o primeiro deste milênio, do Fundo das Nações Unidas para a População – FNUAP)*

# APRESENTAÇÃO

*Só escrevo para quem se derrama!*
*Só escrevo para a pessoa que se transborda*
*que se derrama*
*quando numa vasilha sagrada o líquido fermentado em si se espalha...*
*Só escrevo para a pessoa Rio.*
*Rio que se alastra*
*Se alaga e se alonga*
*Numa agitação cotidiana de líquido de folhagem...*
*Só escrevo para a pessoa Raiz,*
*Raiz que se deixa envolver na terra e se permite dela pertencê-la,*
*ao germinar feito grama que cresce e aquece o caminho para se pisar...*
*Só escrevo para a pessoa que perdeu o nome, e sem sobrenome*
*deixa-se por extrema bondade o silêncio e o riso quando passa...*
*Eu, só escrevo*

*(Lázaro Zachariadhes)*

É imprescindível ao começar este livro agradecer ao poeta Lázaro Zachariadhes, aquele que escolhi para ser meu companheiro de jornada aqui na Terra, por me permitir utilizar seus belíssimos poemas para início da apresentação de cada capítulo. Quem estiver interessado em conhecer um pouco mais de seus poemas, é só o acompanhar no Blog das Letras. Ele tem poemas surpreendentes.

Ao ler esse poema, me vem à cabeça que a poucas mulheres é permitido, ou se permitem, transgredir e transformar-se em tapetes/gramas, trilhas ideológicas, mostrando o caminho para outras meninas/mulheres pisarem. Se tornar húmus, possibilitando o crescimento de novos tapetes, ou caminhos de capim como diz o poeta.

Este livro possibilitará às leitoras entender o por quê é difícil ser tapete/capim, transbordar desse caminho ideologicamente traçado para nós mulheres caminharmos. Não é fácil fugir de parâmetros traçados há milênios, mas escrevo fazendo um chamado para todas: o mundo pede que transbordemos, pede que resgatemos nosso papel de gestoras e protetoras da humanidade, de fortalezas da religiosidade e da cultura, a voz feminina a cada dia fica mais forte, o chamado está mais alto, urge ouvi-lo e fazer sua parte na (re)construção de um mundo equânime.

O que está nos impedindo de ouvir o chamado ancestral? O que dificulta que ocupemos espaços de poder? O que nos força a viver papéis construídos para as mulheres há milênios? Precisamos conversar sobre isso para entender. E este livro traz essa proposta de diálogo.

Você sabia que a construção da identidade humana se dá a partir de sua relação com a história da vida e na relação com o mundo que nos cerca? E que esta construção se desenvolve em meio a relações de interesse e o cenário maior onde ocorre esse processo é constituído pela família e, posteriormente, pela escola, pela rua e ambiente de trabalho? Nós aprendemos a ser meninas e depois a ser mulher, sem perceber.

Por meio de minhas vivências a partir da infância seja observando o relacionamento tóxico de meus pais, a luta constante de minha mãe para sair dele, mas sem ter suporte financeiro e emocional que a ajudasse, além de ser extremamente católica e ter feito escolhas a partir das ideologias de sua crença religiosa; depois com o nascimento de minha filha e sua inserção no espaço escolar e a própria observação de outras famílias, do mundo que me cercava e do que eu lia e via na televisão e cinema, me fizeram pensar em escrever em como se educa uma menina para ser uma mulher submissa. Como isso acontece e por que não percebemos? Qual o interesse na aceitação por parte das mulheres de que a realidade existente não mude? Quem ganha com isso? Como educamos as meninas para impedi-las de transbordar o que está posto pela sociedade, como o poeta tão bem coloca no poema, e se aventurar a construir algo diferente?

Mas vou deixar você ler o livro e descobrir aos poucos esse processo milenar, desenvolvido pelos homens, de como educar as meninas para serem as mulheres almejadas pelo patriarcado.

# PREFÁCIO

## De menina à mulher: a sala de aula como dispositivo de produção subjetiva

*Jailma dos Santos Pedreira Moreira[1]*

O livro *De menina* à *mulher,* de Célia Pereira, é de fundamental importância, visto que nos alerta para o jogo subjetivo que há na sala de aula, na escola, nos fazendo refletir e indagar: Como, enquanto professora, estou me situando nesse jogo? Que papel estou encenando? Qual tem sido a minha função? Tenho corroborado com uma narrativa social naturalizada ou tenho, constantemente, criado condições para refletir, por em questão essa narrativa, desvelando suas opressões, abrindo caminhos outros existenciais?

No fundo deste cenário de questões, que são provocadas em nós com a leitura, outras, de base, são desencadeadas: O que entendemos por educação? Que educação estamos fazendo-construindo? Que sociedade almejamos? Que sujeitos estou ajudando a formar e sendo formado?

Com uma linguagem didática e com consistente pesquisa sobre o tema, Célia Pereira vai, em suas páginas, confirmando que não nascemos mulher, nos tornamos mulher, como afirmou Simone de Beauvoir (1980) e como sinaliza a autora já no seu título, *De menina à mulher*, apontando para esse processo de construção identitária e subjetiva. A linha mestra desse novelo reside, como já pontuamos, justamente nessa interpretação de como tem sido feita essa construção, como estamos ajudando a construir essa mulher-menina. Esse processo revela como também fomos construídas e como, na dinâmica que se repete, podemos reforçar essa nossa construção e de outras/outros.

Essa, inclusive, nos parece ser a inquietação de Célia, quando revela ser movida por esse desejo de saber, pesquisar sobre como se educa uma menina para ser uma mulher submissa. Como isso acontece e porque não percebemos? (...) Como educamos meninas para impedi-las de transbordar o que está posto pela sociedade (...)? Com isso, objetiva discutir sobre como a escola contribui para a perpetuação de rígido padrão de conduta estabelecido culturalmente que desqualifica as meninas.

---

[1] Prof.ª Dr.ª do curso de Letras da Universidade do Estado da Bahia (UNEB), bem como do Programa de Pós-graduação em Crítica Cultural desta mesma Universidade.

Dessa forma, a autora vai nos mostrando, *historicizando*, como o sentido de mulher foi sendo construído, em meio a outros, é verdade, mas como um sentido, voltado para a submissão, subserviência, nulidade, tem sido repetido, fixado, inclusive contando com o processo educativo-escolar e as implicações já anunciadas nos adjetivos sígnicos atribuídos ao feminino.

Nessa linha, inicia sua proposta reflexiva, discutindo, já no primeiro capítulo, a construção das identidades, trazendo para a cena o conceito de gênero enquanto categoria, que vai nos permitir conceber os sujeitos como produto de uma construção sócio-histórica-cultural. O sujeito como produto dessa tecnologia de gênero, mas também como agente dessa produção, é bom ressaltar, como um lembrete da provocação da autora para refletirmos sobre nossa agência nesta dinâmica. As relações de poder são enfatizadas, os comportamentos são politizados, desvelando a construção identitária/subjetiva e as discriminações resultantes dessa produção.

Promovendo uma revisão histórica, retoma períodos da história e da pré-história, a colonização no Brasil, os anos considerados de desenvolvimento econômico no país, os tempos ditatoriais, buscando verificar o lugar atribuído às mulheres, ao mesmo tempo que destaca como os sujeitos femininos reivindicaram outros espaços e papéis, por exemplo, no campo educacional. A chegada das meninas à escola, recebeu uma atenção denotada, observando as leis que foram criadas, quando a premissa da igualdade e a percepção de gênero adentram, são mais explicitadas nos currículos, e, ainda assim, a exclusão persiste dentro e fora da escola, demandando maiores reflexões e estratégias de intervenção que levem mais em conta os espaços de formação subjetivos, como é a escola.

No rastro da exclusão feminina está sua formação, sua construção identitária-subjetiva, marcada por diversos fatores, entre eles a moral religiosa-cristã, que no seu lastro prático-interpretativo, reforçou a subserviência, a passividade, o perigo diabólico e pecaminoso, fixado nas figuras de Maria, Madalena e Eva, que, nas suas diferenças, prescrevem, no final das contas, a exclusão e a subalternização do sujeito feminino. A educação, a construção da subjetividade feminina, portanto, foi inspecionada, observada em diversos tempos históricos e culturas, mostrando como houve diferenças, como outros sentidos de ser mulher foram praticados, assim como a pedagogia do medo, do castigo e a vigilância foram elementos fundamentais nessa tessitura que tem coibido o sujeito feminino de transbordar, como ressalta Célia.

Essa pedagogia perdurou e ainda se faz presente em muitos espaços educacionais. Com essas técnicas de controle vai se moldando corpos e mentes, como descreve a autora no segundo capítulo deste livro. Com uma teoria de base psicanalítica, discorre acerca da fabricação do inconsciente da menina, da sua sexualidade, da educação corporal destes sujeitos. Educação que é operacionalizada tendo como princípio, a punição e a vigilância. E isso se faz perceptível nos mínimos gestos, por exemplo, nas brincadeiras e jogos, isto é, nos modos que definimos de jogar, quem pode jogar-brincar o que. Essas definições que, muitas vezes vamos fixando, vão norteando, prescrevendo um lugar futuro na sociedade, na família, um jeito de ser, pensar, se comportar para meninas e também para meninos.

Com essa pedagogia, o corpo é controlado, manipulado e dicotomizado em sua relação com a mente. Há uma separação que faz transparecer a função da escola como punitiva, em geral, amparada em uma disciplina que busca fabricar indivíduos, tornando-os corpos dóceis, seguidores, sem questionamento, de uma ordem produtiva, homogênea e excludente. Assim, muitas vezes a escola exerce a função de moldar e punir os que não conseguem seguir a regra, um modelo que reforça desigualdades, visto que transforma os diferentes em excluídos, reforçando, por meio de formas múltiplas, a subalternização do sujeito feminino, ajudando a construir, nessa perspectiva, a menina-mulher.

O terceiro capítulo, explora esses elementos, desnuda, ainda mais, no ambiente escolar-educacional, os diversos fatores que vão ajudando a tornar a menina em mulher, a construir essa subjetividade feminina sob o signo da exclusão, da inferioridade, da contenção, do desvalor e do apagamento. Nessa linha, a discriminação léxica e o mundo masculino, Por meio dos conteúdos escolares, são tematizados, ou seja, a linguagem, os conteúdos, a história que os livros não mostram, as iconografias perpetuando a ideologia das mulheres ausentes, as representações sociais nos currículos... tudo isso reforçando a inexistência feminina, provocando uma possível autoanulação no sujeito feminino, que se constrói nesse ambiente, em meio a esse jogo de dispositivos.

O último capítulo do livro, traz uma mostra de ambiências escolares, tendo em vista o que já fora discutido. Elege uma escola pública e outra privada do município de Alagoinhas-BA, apontando-nos, ainda que de forma breve, sinais de como, apesar de algumas mudanças e de pequenas diferenças entre as duas escolas, a pedagogia do medo ainda se faz presente nesses ambientes, os estereótipos que anulam a mulher ainda se fazem presentes no livro didático, os corpos ainda se mostram marcados por uma formação que prescreveu/fixou um sentido para o ser mulher, no caso das professoras, bem como uma formação que parece ainda não ter se dado conta de como a escola é lugar de biografização, como nos diz Delory-Momberger (2006), esse processo de construção subjetiva, todos os atos de linguagem que concorrem para isso, desde as brincadeiras aos conteúdos escolares, precisam ser revistos, considerando que todos esses dispositivos, em geral, tem jogado o jogo da anulação, da exclusão e subalternização do sujeito feminino.

Daí indagarmos com Delory-Momberger (2006) se estamos nos perguntando pelo projeto biográfico das escolas ou com Célia Pereira, nos intrigarmos com a questão que levanta: de que forma o ensino escolar contribui para a garantia da normatização da submissão das meninas, futuras mulheres? Ou, ampliando essa inquietação, perguntarmos novamente com ela: como nós mulheres, que um dia fomos excluídas do espaço escolar, que ainda sofremos com a exclusão na sociedade, estamos lidando-percebendo-combatendo essa narrativa patriarcal na educação de meninas e meninos, na escola? Ou não estamos percebendo isso, não estamos nos dando conta e acabamos endossando esse processo de discriminação vigente que nos afeta, nos anula, a nós mulheres?

A pesquisa de autora, traduzida nessas páginas, é taxativa na seguinte revelação: as subjetividades são produzidas e a escola é um lugar importantíssimo nessa produção. Na escola somos instruídos, educados e formados, passamos uma boa parte de nossas vidas na escola. Sendo a docência em boa parte exercida por mulheres, a pergunta que ressoa, portanto, merece ser reforçada: como nós mulheres, que estivemos fora desse espaço e de tantos outros, compactuamos com essa exclusão, na medida em que não politizamos as discriminações de gênero nesse ambiente, não nos alertamos para as brincadeiras, as formas de linguagem, os conteúdos, os currículos que fixam lugares para o feminino e para o masculino, não questionamos-historicizamos as dicotomias – corpo/mente, menina/menino – e o valor atribuído a elas, o desvalor naturalizado para o feminino?

Com consistente pesquisa bibliográfica, o texto de Célia Pereira, por vezes flertando com uma generalização, é um chamado à reflexão: nos damos conta desse espaço educacional enquanto dispositivo de produção de subjetividade, enquanto lugar que tem, pela pedagogia do medo e todas as linguagens limitadas, ajudado a produzir uma subjetividade subalternizada para a mulher, desde sua infância como menina? Como podemos mudar isso? Nesse processo, como estamos nos constituindo também como professoras, educadoras, professores, educadores? Como tem sido as nossas formações? Como estamos ajudando a formar outras/outros? Temos discutido isso? Temos incluído essa questão fundamental, seus atravessamentos, suas implicações e suas repetições nesse/em nosso debate?

Diante de tantas violências que ainda incidem sobre o sujeito feminino e tantos outros que foram considerados fora da norma/do modelo eleito, é fundamental, considerando a leitura do texto, promovermos a ampliação dessa discussão emergencial. Se a educação pode ajudar a fixar subjetividades ela também pode promover uma ampliação dos limites prescritos, no sentido de se provocar uma reflexão sobre modos de ser e estar no mundo, que acabam sendo nocivos, na medida em que incorporam uma nulidade sobre si ou atribuem para o outro um desvalor, o peso da inexistência.

Nesse sentido, o chamado de Célia Pereira, com seu texto, é justamente para pensarmos em outras possibilidades, respostas, trilhas educativas, que podemos criar. Afinal, que educadoras, educadores queremos ser? Aquela/aquele que oculta a nossa agência, que reforça a falácia da impossibilidade de mudança, fazendo o jogo do *status quo*, da dominação, e caindo na cilada da imparcialidade? Ou aquele que se percebe produto e produção dessa teia de linguagem que nos constrói? É fundamental essa percepção da realidade como um feixe de possibilidades e da nossa participação fundamental nesse processo, ajudando a reforçar um modo de vida, de coexistência nesse planeta, fundado na desigualdade, na necropolítica ou criando vias questionadoras que abram outros caminhos existenciais, fundados na equidade, na construção de um mundo mais humano, de fato, mais solidário, portanto menos excludente.

Considerar as nossas formações, revisar a nossa educação, o papel que tem desempenhado os processos institucionais educacionais, a escola, a universidade, pode ser decisivo, como nos adverte autora, para que não reforcemos um caminho que, no cotidiano, não queremos, lutamos contra, somos alvejados por ele. Dessa forma, trazer para a cena nossas vivências, nossas escrevivências, como nos sugere a escritora Conceição Evaristo (2020), é ponto disruptor para se fabular, reficcionalizar nossa existência, da educação, do mundo. A escrevivência como uma forma de nos fazer acordar de certa letargia, que caímos; como forma de nos lembrar de não esquecer de discutir a desigualdade no mundo. Uma educação, portanto, que se comprometa, de fato, com um outro mundo possível.

Nessa rota de uma educação que não se paute na vigilância, na punição, no não transbordamento do ser, das ideias, como pontua Célia Pereira, é necessário que se firme o compromisso com uma educação, portanto, contra a transmissão bancária de conhecimentos, reduzindo a todos a máquinas a serviço de um capitalismo do descarte humano, descarte dos que não chegam na frente, como também pontua Paulo Freire (2005), convocando-nos a construir juntos uma pedagogia do oprimido, contra a opressão. Essa educação, baseada no compartilhamento de ideias, de vivências, de trocas, em que o professor também é aprendiz, também se estuda, revisa as (suas) formações, é fundamental para sairmos do buraco que não possibilita outros modos de ser e estar no mundo, de construir o mundo.

Revisar as nossas formações, nesse desenho proposto, implica em nos ouvirmos, ouvirmos o outro, considerarmos os desejos, os porquês, os nãos, as lágrimas de submissão, como nos convida a escritora Conceição Evaristo (2011), quando nos leva a ler em suas páginas histórias de violência contra a mulher que as acomete todos os dias, todas horas, em todos os espaços, inclusive naqueles que seriam de sua proteção, normatizados para isso. Apesar de ser uma mulher preta, com Evaristo pensamos em mulheres pretas, indígenas, meninas, adolescentes, mulheres pobres, mais velhas, populações LGBTQIAPN+, mulheres do campo, mulheres nordestinas, professoras, estudantes... Evaristo nos faz pensar em diversas violências, em diversas mulheres, pessoas. Acorda-nos com um texto que narra lágrimas cotidianas de submissão, sofrimentos, dores, gestos violentos, que por vezes não percebemos, não estudamos, não os consideramos como conteúdo que precisa ser discutido, como uma questão de vida ou morte. Mas, acima de tudo, Evaristo também desenha lágrimas de insubmissão, abre caminhos narrativos que nos possibilitam visualizar a reversão dessas violências por meio da ação de suas personagens femininas, que se permitem, são permitidas transbordar o cárcere, o ser, como sinaliza a autora, revertendo um enredo, uma espécie de predestinação que passa a ser desconstruída.

Conceição Evaristo e Célia Pereira, cada uma com seu trançado textual, nos alertam para o quanto essa construção tem sido nociva, tem implicações. Acima de tudo nos alertam para a possibilidade de desconstrução dessa textualidade, para a importância nossa nesse traçado que pode ser retrançado. Assim, é fundamental percebermos nosso papel nessa tessitura, como professora/educadora. Perguntarmos que educação queremos, estamos agenciando, uma educação que simplesmente poda o movimento inquietante, questionador dos corpos e os transforma em corpos dóceis ou uma educação como prática de liberdade, como nos sugere bell hooks (2017), que ganha sentido, causa, compromisso com uma vida mais equânime, mais solidária, humana, justa e que, para isso, muitas vezes precisa transgredir um modelo, um cânone, um conhecimento, um conteúdo, uma formação que apaga/anula sujeitos, nesse caso em específico, sujeitos femininos.

Assumir uma microtecnologia subjetiva revisora de nós mesmos, como fazem escritoras negras (MOREIRA, 2020), questionadora de nossos atos-pensamentos, é necessário, como condição de revermos nossos aprisionamentos, os encarceramentos e autoanulação que repetimos, mas, acima de tudo, como condição de percebermos a estética do mundo, devolvermos a nós e a outros a força criadora, a autoestima, a sua potência, a leitura de si no mundo e do mundo que tanto precisamos. Perceber as subjetividades construídas, a importância dos espaços educacionais nesse *com-texto*, da professora, desvelando uma naturalização, uma suposta imparcialidade, pode fazer a diferença, abrir outros caminhos no jogo, a partir do momento que podemos conceber o movimento dos corpos de outra perspectiva. Podemos recontar histórias considerando os corpos transgressores femininos, que sempre existiram, que não estão ausentes, como muitas vezes passa o livro didático, que não estão distantes de nós, como nos mostram os feminismos locais que, por vezes, não percebemos (MOREIRA, 2011), que estão, podem estar, em nós, quando assumimos a prática feminista como uma pedagogia a favor de outro mundo sem prescrições não só para as mulheres, mais saudável, portanto, não somente para mulheres.

Por fim, para iniciarmos as páginas de Célia Pereira, poderíamos propor, contra a pedagogia do medo, da punição, a pedagogia da pergunta, abrindo trilhas imaginativas, caminhos para corpos inquietos que podem ser canalizados para uma autorreflexão, para questionamentos e autoquestionamentos, como condição de não nos perdermos nesse novelo existencial, permeado de seduções, simulacros e falácias, que estão nos amortecendo, que estamos, com eles, nos autodestruindo. Caminhos imaginativos outros, corpos de educadores que não se assentam, outras narrativas existenciais, pedagógicas, que, como aponta a escritora indígena, Eliane Potiguara (2015), nos leve a criar e recriar, promovendo a cura da Terra. Caminhos, por conseguinte, que, cientes do papel do professor, nesse jogo, não podem ser fechados, mas abertos pelas educadoras, pelos educadores, pois estes, como afirma a autora, "devem encarar-se como um ser de alto potencial imaginativo e criador". É com esse chamado a potencializar a reflexão, a criação de outros caminhos educacionais-existenciais, que certamente, em alguma medida também já desenvolvemos, que reforçamos o convite para a leitura das páginas a seguir. Boas leituras reflexivas, autorreflexivas e criativas!

## REFERÊNCIAS

BEAUVOIR, Simone de. **O segundo sexo**: fatos e mitos. Vol 1. Trad.Sergio Milliet. Rio de Janeiro: Nova Fronteira, 1980.

DELORY-MOMBERGER, Christine. **Biografia e educação**: figuras do individuo-projeto. Tradução de Maria da Conceição Passegi, João Gomes da Silva Neto, Luis Passegi. Natal: EDUFRN; São Paulo: Paulus, 2006.

EVARISTO, Conceição. Da grafia-desenho de minha mãe, um dos lugares de nascimento de minha escrita. *In*: DUARTE, Constância Lima; NUNES, Isabella Rosado (org.). **Escrevivência**: a escrita de nós: reflexões sobre a obra de Conceição Evaristo. Ilustrações de Goya Lopes. Rio de janeiro: Mina Comunicação e Arte, 2020.

EVARISTO, Conceição. **Insubmissas lágrimas de mulheres**. Belo Horizonte: Nandyala, 2011.

FREIRE, Paulo. **Pedagogia do Oprimido**. 48 ed. Rio de Janeiro: Paz e Terra, 2005.

hooks, bell. **Ensinando a transgredir**: a educação como prática da liberdade. Tradução de Marcelo Brandão Cipolla. São Paulo: Editora VMF Martins Fontes, 2017.

MOREIRA, Jailma dos Santos Pedreira. Microtecnologia subjetiva de escritoras negras em sala de aula. *In*. SANNTIAGO, Ana Rita; OLIVEIRA, Maria Anória (org.). **Literaturas afro-brasileiras e africanas**. Campinas: Mercado de Letras, 2020.

MOREIRA, Jailma dos Santos Pedreira. Feminismos locais na sala de aula. *In*: SANTOS, Cosme Batista dos; GARCIA, Paulo César S.; SEIDEL, Roberto Henrique (org.). **Crítica cultural e educação básica**: diagnósticos, proposições e novos agenciamentos. São Paulo: Cultura Acadêmica, 2011.

POTIGUARA, Eliane. **A cura da Terra**. São Paulo: Editora do Brasil, 2015.

# LISTA DE ABREVIATURAS E SIGLAS

**LDBEN/1941** – Lei de Diretrizes e Bases da Educação Nacional

**LDBEN/1971** – Lei de Diretrizes e Bases da Educação Nacional

**LDBEN/1996** – Lei de Diretrizes e Bases da Educação Nacional

**RNEI** – Referencial Nacional para a Educação Infantil

**PDDE** – Programa Dinheiro Direto na Escola

**PPP** – Projeto Político Pedagógico

**AC** – Atividade Complementar

**SEDUC** – Secretaria da Educação

**PNLD** – Programa Nacional do Livro Didático

**UNEB** – Universidade do Estado da Bahia

# SUMÁRIO

INTRODUÇÃO . . . . . . . . . . . . . . . . . . . . . . . . . . . . . . . . . . . . . . . . . . . . . . . . . . . . . . . . . . . . . 25

## CAPÍTULO 1º
### CONSTRUÇÃO DAS IDENTIDADES: DISCUTINDO GÊNEROS . . . . . . . 33
1.1. Identidades, Diferenças e as Teorias de Gêneros . . . . . . . . . . . . . . . . . . . . . . . . . . . . 34
1.2. A Situação da Mulher Brasileira no Cenário Construído . . . . . . . . . . . . . . . . . . . . 38
1.3. A Educação Por meio da História: a Chegada das Meninas à Escola . . . . . . . . . . 45

## CAPÍTULO 2º
### A CONSTRUÇÃO DA IDENTIDADE DE GÊNERO NAS MENINAS: MOLDANDO CORPOS E MENTES . . . . . . . . . . . . . . . . . . . . . . . . . . . . . . . . . . . . 55
2.1 A Sexualidade da Menina: Como se Fabrica um Corpo e uma Mente . . . . . . . . . . 55
2.2 A Fabricação do Inconsciente da Menina . . . . . . . . . . . . . . . . . . . . . . . . . . . . . . . . . . . 62
·2.3 A Fabricação da Sexualidade na Menina . . . . . . . . . . . . . . . . . . . . . . . . . . . . . . . . . . . 64
2.4. A Contribuição Religiosa na Construção da Menina: Medo e Fé, Vigiar e Punir na Cultura Ocidental . . . . . . . . . . . . . . . . . . . . . . . . . . . . . . . . . . . . . . . . . . . . . . . . . . . . . . 68

## CAPÍTULO 3º
### CORPO VERSUS MENTE: A ESCOLA EM AÇÃO . . . . . . . . . . . . . . . . . . . . 75
3.1 Corpos Versus Mente: Uma Dicotomia Vigente na Escola . . . . . . . . . . . . . . . . . . . 76
3.2 As Meninas e a Discriminação Léxica no Espaço Escolar: Aprendendo a Expressar-se no Mundo Masculino por Meio dos Conteúdos Construídos . . . . . . . . 82
3.3 A História que os Livros não Contam . . . . . . . . . . . . . . . . . . . . . . . . . . . . . . . . . . . . . . 83
3.4 Currículo e Gênero: Teorizando as Representações Sociais . . . . . . . . . . . . . . . . . . . 89
3.5 Discriminação no Livro Didático . . . . . . . . . . . . . . . . . . . . . . . . . . . . . . . . . . . . . . . . . . 95
3.6 Iconografias Nos Livros Didáticos: Perpetuando Ideologia . . . . . . . . . . . . . . . . . . . 97

## CAPÍTULO 4
### A ESCOLA E OS ENVOLVIDOS NA CONSTRUÇÃO DE GÊNERO . . . . . 101
4.1 A escola pública . . . . . . . . . . . . . . . . . . . . . . . . . . . . . . . . . . . . . . . . . . . . . . . . . . . . . . . . . 101
4.1.1 O dia-a-dia na Escola: Ludicidade e Construção da Identidade de Gênero . . . . . . . . . . . . . . . . . . . . . . . . . . . . . . . . . . . . . . . . . . . . . . . . . . . . . . . . . . . . . 105
4.1.2 Conversando com a Professora . . . . . . . . . . . . . . . . . . . . . . . . . . . . . . . . . . . . . . . . 106
4.1.3 Conversando com as meninas . . . . . . . . . . . . . . . . . . . . . . . . . . . . . . . . . . . . . . . . . 108
4.1.4 Com a Palavra: o Livro Didático . . . . . . . . . . . . . . . . . . . . . . . . . . . . . . . . . . . . . . 109

4.2 A Escola Privada...........................................................112

4.2.1 O dia-a-dia na escola: ludicidade e construção da identidade de gênero......113

4.2.2 Conversando com a professora .............................................113

4.2.3 Conversando com as meninas ..............................................114

4.2.4 Com a Palavra: O Livro Didático...........................................120

## CONSIDERAÇÕES FINAIS .....................................................123

## REFERÊNCIAS .............................................................127

# INTRODUÇÃO

*Sou má!*
*Não esperem nada bom de mim,*
*Nada!*
*Sou uma pessoa má.*
*O poema se salva*
*Ele sabe nadar...*
*(Lázaro Zachariadhes)*

Aqui, neste livro, conversaremos sobre a realidade existente na sociedade, onde há uma grande desigualdade dividindo homens e mulheres, com os primeiros apropriando-se de uma grande parte dos recursos materiais e simbólicos da sociedade. E o mais importante contexto é que a escola desempenha um papel muito importante na construção dessa sociedade que inferioriza a mulher. Isso mesmo. Você não leu errado: a escola é um importante instrumento para manter a sociedade patriarcal e transformar as meninas em mulheres submissas.

Algo mais, sobre que é muito importante dialogarmos é como a instituição escolar se apropria de mecanismos de coerção para vigiar, punir e moldar as meninas e meninos que não desenvolvem características importantes na visão masculina, como o individualismo e competição no menino e a intuição e a preocupação com a estética na menina, impondo a ideia de masculinidade, controlando os limites entre sexualidade e gênero e perpetuando mitos e signos associados ao tema. Para tal utiliza de esquemas de limitação de movimentos nas meninas e de emoção nos meninos, exercita a obediência na menina e vigia seus movimentos.

A escola auxilia na formação da identidade feminina considerada ideal: obediente, comportada, preocupada com a aparência para agradar ao outro. Desta forma, auxilia a preparar a futura mulher a não questionar sua condição na sociedade e a não buscar resposta para várias situações como: um número maior de mulheres do que de homens, tem o nível de instrução mais elevado, mas as mulheres recebem salários menores do que os dos homens pela mesma função e tem menos chance de promoção, acrescente-se que a inserção no mercado de trabalho é mais difícil.

Para tal, é utilizado a ideia que há um comportamento para cada gênero, diferentes formas e cores diferentes de se vestir, brincar, o que é chamado pela Pedagogia de currículo oculto. As iconografias, principalmente dos livros didáticos, conteúdos incompletos ou distorcidos também auxiliam na educação escolar.

Veja só como é importante refletirmos sobre a importância da escola para a naturalização do processo de ser menina, imposto por nossa sociedade, onde o espaço citado é importante palco para os atores sociais perpetuarem o poder do macho sobre a fêmea.

Penso que devo alertar que a realidade de gênero no Brasil não foi sempre essa que vivenciamos há algum tempo, poucos anos, nem todas as meninas e mulheres tinham acesso permitido para estudar, as escolas eram lugares para os homens, não se tinha a noção de mulheres como companheiras dos seus maridos.

Historicamente marcado, até 1500, no Brasil viviam as mulheres indígenas, que eram vistas pelos seus homens como companheiras, e foram eles que fizeram a primeira reinvindicação para que elas tivessem acesso ao mesmo direito que eles, o de aprender a ler e a escrever com os jesuítas. O indígena não entendia a separação de gêneros e a diferenciação nas oportunidades educacionais (RIBEIRO, 2000).

Na sociedade indígena, não se diferenciava o prazer e o trabalho de forma dissociada entre homem e mulher. Desta forma, eles não percebiam nenhum perigo em suas mulheres se alfabetizarem. Esta visão foi aceita por Nóbrega com a intenção de que essa fosse a mola propulsora de um sentimento de respeito, já que o homem branco tinha uma vida amorosa que impunha uma miscigenação na colônia.

Como o colono português imigrava para o Brasil sozinho, deixando a família em Portugal e com a liberdade de comportamento dos indígenas brasileiros, que não tinham a visão do sexo como pecado, aconteciam relações sexuais entre as duas etnias "[...] ocasionando nascimentos desvinculados de amor e respeito. [...]. A ausência da família incitava à dominação sexual masculina na colônia" (RIBEIRO, 2000, p. 80), a exemplo de João Ramalho, que teve mais de 30 mulheres indígenas e mais de 80 filhos. Sem apego afetivo por eles, já que não os considerava sua família.

A ideia de não alfabetizar as mulheres brasileiras foi da Rainha de Portugal, Dona Catarina. Ao negar a iniciativa, ela a qualifica como ousada e produtora de consequências que chamou de nefastas. Acreditando que o acesso às leituras dos livros pelas indígenas poderia causar danos a sociedade.

DE MENINA À MULHER

Cara leitora por mais inverossímil que possa parecer a maioria das mulheres portuguesas não sabiam ler, e estou descrevendo um fato do século XVI, um momento da humanidade onde não existia escolas para meninas, mesmo que fossem filhas de famílias nobres. Elas eram educadas em casa para cuidar dos afazeres domésticos, dos futuros filhos e maridos. Algumas tinham poucas leituras, e essas, geralmente, se resumiam aos livros de rezas (RIBEIRO, 2000).

Pode parecer bizarro, mas somente há uns 200 anos os pais começaram a permitir que suas filhas aprendessem algumas habilidades culturais como ler e escrever, ou adquirir conhecimentos musicais, com o claro objetivo de qualificá-las para um melhor casamento, em outras palavras para melhor servirem a seus futuros maridos.

Nesse período histórico, não se reconhecia a fase da vida que chamamos de infância, até a Idade Média a criança era vista como um pequeno adulto, em que as meninas geralmente casavam após a primeira menstruação, marco que mostrava estarem prontas para a gestação.

Com a criação da infância, e, com a chegada da indústria a mulher é excluída da vida pública, dando espaço para os homens trabalharem e proverem a casa com o resultado desse trabalho. Nessa discussão devo informar que, segundo Muraro, o mercado de trabalho não oferecia muitos espaços de trabalho, estes mal davam para os homens, logo as mulheres eram forçadas a ficar no ambiente doméstico dedicando-se completamente aos filhos, ao marido, à família. Surgindo a mulher dedicada e sofredora: a dona de casa. Trancadas em casa, excluídas da vida pública, é neste período que se "cria a infância com regras próprias de conduta, a educação, vestuário e gestos que conhecemos hoje" (MURARO, 2000 p. 123).

A mulher foi colocada em um pedestal, o de dona de casa e mãe, que vive em uma suposta ilha de amor, a família, local onde tudo deve fazer por ela, era a rainha, já que trabalhar fora de casa era um escândalo. Deste modo, a tarefa na rua não era cabível para as mulheres virtuosas, que, nesse processo, se fragilizaram e ficaram despreparadas para as atividades públicas. Chamo a atenção para a situação das mulheres pobres, consideradas seres humanos inferiores, trabalhando sempre mais do que os homens com menores salários, menos privilégios e, praticamente, sem direitos legais (MURARO, 2000).

Foram as mulheres pobres que mais questionaram a dupla jornada de trabalho, e, nesse percurso, atualmente, mesmo trabalhando em casa, o seu trabalho não é considerado produtivo. Foram elas que questionaram sua sexualidade e foram punidas pela sociedade, enquanto as mulheres dos círculos mais abastados tinham vida livre.

Surge no Brasil, apenas em 1827, a primeira Legislação relativa à educação das mulheres. Esta Lei admitia o ingresso das meninas apenas para as escolas elementares. Em 1879, a sociedade brasileira permite o ingresso das mulheres a instituições de Ensino Superior do país. Porém, as que seguiam este caminho ficavam sujeitas a pressões e a desaprovação social por longo tempo.

Embora pertencendo a uma sociedade machista e patriarcal, em 1932, as mulheres brasileiras haviam conquistado o direito à participação no Ensino Superior e na política nacional. Isto não quer dizer que a busca pela equidade tenha se tornado menos dura, porque a real participação da mulher na liderança econômica, acadêmica, científica e social estaria ainda longe de ser concretizada.

Apesar desse avanço a educação escolar das mulheres, iniciada na Educação Infantil e no Primário, atual Ensino Fundamental Anos Iniciais, com as meninas, não é realizada de maneira a auxiliar no crescimento material dessas e no seu empoderamento. O que se observa é uma perpetuação do status quo da figura feminina na sociedade.

Nesse momento histórico existiam poucos livros didáticos e o que organizava os estudos era o *Ratio Studiorum*, que estabelecia o currículo em todo o Brasil Colônia tendo os padres jesuítas como àqueles que estabeleceram as escolas no Brasil os primeiros a ensinar a ler, a escrever e a contar.

A construção e desenvolvimento desta obra levam a uma reflexão sobre a importância do estudo deste tema como um todo, objetivando discutir sobre como a escola contribui para a perpetuação do rígido padrão de conduta estabelecido culturalmente que desqualifica as meninas.

No desenvolvimento da pesquisa é descrita a construção histórica da identidade de gênero; se discorre sobre a construção da identidade de gênero nas meninas; descreve mecanismos utilizados pela instituição escolar para vigiar, punir e moldar as meninas que não possuem uma postura considerada ideal; define o/a educador/a como fruto de uma cultura que impõe à menina um lugar na sociedade em desvantagem em relação ao menino e a importância das ideologias existentes no espaço escolar e utilizadas para a naturalização do processo de ser menina imposto por nossa sociedade, onde o espaço citado é importante palco para os atores sociais perpetuarem o poder do macho sobre a fêmea.

Aprendemos que ser homem ou mulher pode ser diferente num certo momento da história ou numa outra cultura/sociedade. Para explicar a construção social e histórica de ser homem e ser mulher foi criado o conceito gênero. Mas gênero é mais do que uma maneira de rotular as pessoas e a maneira como elas devem agir. É um jeito de olhar e compreender a realidade e de como existem diferentes maneiras de ser e de olhar o mundo.

Na construção desta obra, dentre os métodos existentes e os métodos específicos das Ciências Sociais, optei pelo método dialético por se compreender que a discussão sobre gênero passa por contradições, como o fato de a mulher está no mercado de trabalho e como chefe de família e não conseguir uma inserção social, e pelo fato de ser um tema que não pode ser estudado isoladamente, é necessário observar as mudanças sociais.

O método dialético compreende o mundo como um eterno devir, o que tem tudo a ver com o tema: as sociedades primitivas eram matriarcais, na antiga Grécia também, na Idade Média predominou a visão distorcida de Aristóteles de que a mulher era um homem incompleto, surtindo efeitos particularmente danosos na sociedade, que perduram até a atualidade, só que num grau menor. A visão de gênero tem sofrido mudanças históricas.

Parafraseando Frigotto (1991), nesta perspectiva, o desafio é racionalizar a dialética do real, buscando a essência do fenômeno, o que está por trás da aparência, ou seja, o caráter conflitivo, dinâmico e histórico da realidade.

O ato de pesquisar pode ser entendido tanto como procedimento de fabricação do conhecimento, quanto como procedimento de aprendizagem, sendo parte integrante de todo processo de reconstrução/construção de conhecimentos, integrando em sua estrutura os cinco elementos: meta, modelo, dados, avaliação e revisão.

A única maneira de aprender a pesquisar é fazendo uma pesquisa, pois a investigação é inerente ao ser humano, que são produtores falíveis, ou seja, a pesquisa é um trabalho falho, reversível, em constante diálogo com a realidade vigente. Assim os estudos empíricos ou teóricos têm como objetivo o desenvolvimento do ser humano no processo da aquisição de conhecimentos. Portanto, o conhecimento obtido pela pesquisa, seja ela teórica, metodológica, empírica ou prática, é um conhecimento situado e vinculado a critérios de escolha e interpretação de determinados dados.

Devido ao ser humano produzir diferentes tipos de conhecimento é necessário que o pesquisador tenha uma atitude de autocrítica em relação às próprias pesquisas. Essa posição pode levar a importantes avanços na produção e democratização do saber muito mais que a aceitação não questionada dos estudos dos especialistas.

A pesquisa educacional compreende uma vasta diversidade de questões conotativas relacionadas à complexidade do desenvolvimento das pessoas e das sociedades. Sem dúvida a educação é um fato, um processo que envolve o homem num contexto. É a aproximação desse fato-processo com a realidade, nas relações humanas e sociais, que fundamenta a prática da pesquisa educacional.

É essa característica que determina o perfil do pesquisador na sociedade do conhecimento, levando-o a ter certa segurança e confiança, e não segurança absoluta quanto ao tipo de conhecimento gerado, pois para o pesquisador não existem conhecimentos prontos e acabados, mas devem ter consciência e plausibilidade.

A atual obra foi realizada por meio de análise teórico-empírica, que representa uma pesquisa empírica e a análise de dados a partir de um apoio bibliográfico.

As estratégias utilizadas para o estudo de caso que serviu de embasamento para este trabalho correspondeu as seguintes etapas: levantamento do material teórico para o desenvolvimento do estudo; estudo e seleção do referencial teórico: resumos informativos e crítico; fichamentos e resenhas; coleta dos dados que foram completadas por meio de observação em duas escolas de Fundamental I, uma escola pública e uma privada, objetivando ver o desenrolar da temática em mais de uma classe social; registro detalhado de textos informativos; contato com o material humano; observação de comportamentos; aplicação de questionários; realização de entrevistas e leitura e análise dos dados.

Após essa etapa foi realizada a escrita do Sumário seu desenvolvimento, escrita do texto e a revisão final.

A coleta de dados foi realizada em duas escolas (uma instituição escolar pública municipal e a outra, uma escola do setor privado). E, para que os dados se concretizassem, foram utilizados depoimentos e diálogos, visando a descoberta de novas concepções sobre o problema focalizado, e, assim sendo, ampliar a discussão sobre a complexidade que o envolve haja vista as manifestações dos gêneros e suas afirmações na prática pedagógica.

Para a elaboração da parte prática da abordagem teórica-empírica foram realizadas observações in loco, entrevistas (às professoras das classes de 5º ano) e formulários (às meninas, preferencialmente, das duas turmas de 5º ano) no sentido de entender como as docentes elaboram suas práticas sobre questões de gênero, o que pensam sobre o tema e como apreendem as ideologias relacionadas ao mesmo. Vale ressaltar que os gráficos auxiliaram na leitura e produção dos dados, de natureza predominantemente qualitativa.

O desenvolvimento deste livro encontra-se dividido em quatro capítulos. Inicialmente objetivando um melhor acompanhamento e apreciação da temática no primeiro capítulo se faz necessário a conceituação de identidade e identidade de gênero e a segregação tendo como ponto norteador as diferenças. Nessa discussão se questiona se as diferenças biológicas, que são utilizadas para segregar e inferiorizar as mulheres, as torna menos capazes.

Ao discutir a criação dos papéis sociais no que se refere ao ser homem e mulher, desde o fim da vida nômade até os avanços na História da humanidade no tocante ao papel feminino na família e na sociedade, é mostrado que à medida que a história da educação avança ampliam-se conceitos e se faz concessões sobre a entrada e permanência das meninas nas escolas, quais os conteúdos e o currículo necessários à educação delas e o avanço da educação das meninas no Brasil até a Lei de Diretrizes e Bases da Educação Nacional – LDBEN (9.394/96).

No segundo capítulo, se debate a temática de como se forma a sexualidade na menina, discutindo como se fabrica um corpo e uma mente. Além disso, questiona-se o uso dos jogos e brincadeira na fabricação do corpo e mente da menina, demonstrando a fabricação do inconsciente desta, onde padrões de comportamento e de beleza além de relações culturais são importantes na fabricação do imaginário profundo da futura mulher, que paradoxalmente será instrumento de perpetuação da dominação masculina.

Partindo da construção da sexualidade da menina, ainda debate sobre o desenvolvimento da personalidade feminina que está intrinsecamente ligada ao desenvolvimento da sexualidade e a contribuição da religião, Por meio dos mitos criados historicamente, na construção da identidade da menina, onde o medo e a fé são transformados em instrumentos para vigiar e punir.

No terceiro capítulo, para um melhor acompanhamento e análise da temática, se faz imprescindível debater acerca da dicotomia existente na escola onde por meio de castigos e punições é dissociado o corpo da mente, utilizando como motivação uma melhor aprendizagem e educação do corpo.

A realidade escolar é mostrada como um espaço onde as meninas aprendem a se expressar no mundo masculino por meio da linguagem oral e escrita, permeada pela discriminação léxica, e pela ausência do feminino nos conteúdos, principalmente de História.

Nesse capítulo são mostrados vários exemplos de figuras femininas que são "esquecidas" pelos historiadores nos livros didáticos e fatos históricos que não são contados que enaltece a mulher como heroína são mostrados, chamando a atenção para a omissão da figura feminina enquanto partícipe da história da humanidade.

Em uma breve discussão mostra a contribuição do currículo na construção da identidade da menina, evidenciando o currículo oculto como importante auxílio e a discriminação de gênero existente no livro didático, seja por meio de textos escritos ou de manipulação do conhecimento construído pela humanidade e reproduzidos nesses que ainda é uma realidade na escola, bem como a utilização das iconografias como elemento de auxílio à manutenção das ideologias de gênero.

No quarto capítulo, se faz uma análise das escolas visitadas: uma escola do setor público e outra do privado na cidade de Alagoinhas, na Bahia. Com o auxílio de gráficos e de citações de entrevista, realizada com professoras e gestora das duas escolas, se debate a temática da educação de gênero, com o foco nas meninas. E com a discussão norteada pelos formulários respondidos por estas, tendo como suporte alguns teóricos e a visão delas sobre escola e construção de suas identidades.

Para melhor demonstrar o que se discutiu no início da obra sobre livro didático, e com auxílio de recortes dos livros de história adotados pelas duas escolas e dialogando com teóricos, se mostra a realidade da omissão da mulher enquanto partícipe da história da humanidade.

Pelas razões apresentadas, foram considerados os avanços, mas descobriu-se que a mulher não ocupa, ainda, um lugar merecido e necessário ao lado do homem, e que a escola contribui para a permanência dessa realidade. Além disso, a maneira como a escola age em relação às meninas e aos meninos é fundamental no processo de constituição da identidade de gênero.

# CAPÍTULO 1º

## CONSTRUÇÃO DAS IDENTIDADES: DISCUTINDO GÊNEROS

*Maria de Magdala*
*Foi comovedor!*
*O encontro de Maria Madalena com Jesus*
*Na casa de Pedro, o pescador.*
*A filha do "pecado" assim se sentia diante do Divino Amor.*
*- Senhor!*
*Trago na alma as chagas de Lázaro!*
*O mar revolto da Galiléia*
*Arremessou-me nas rochas escuras das desilusões.*
*A música do mundo me embriagou,*
*Conheci o lado infantil e perverso dos homens.*
*Hoje! Carrego a desventura!...*
*A minha sede, não pertence a esse mundo estéril e vazio. Sei que tu*
*sabes, a ventania que me arrebatou, hoje silencia.*
*E tenho a ânsia de te pertencer!*
*Será que Deus me aceitará no seu Reino?*
*- Maria, aquieta seu coração! com a voz piedosa e angelical O*
*Mestre continua:*
*Seu desejo sincero, te levou a escolha das almas nobres, o*
*arrependimento, vindo do imo do ser, arrefece as labaredas*
*intempestivas, que assolam o teu espírito...*
*No entanto, sei que a fidelidade que repousa a tua consciência, será*
*motivo de gratidão e louvor.*
*Nesta travessia Maria, haverá desprezo, e amargura, perderas a beleza*
*nas ruas estreitas de Magdala, mas, que adianta às vestes coloridas da*
*diversão diante da túnica que conquistará à porta estreita da liberdade.*
*Vai Maria, amar!*
*Há lírios que nascem no pântano.*
*És o lírio de Deus, Mãe*
*Da orfandade, se tornarás o símbolo*
*Da fertilidade e em teu corpo nascerá as rosas*
*que Jerusalém glorificara*
*Vai Maria, o meu Pai te espera.*
*(Lázaro Zachariadhes)*

## 1.1 Identidades, Diferenças e as Teorias de Gêneros

O ser humano, desde os primórdios, sempre se ocupou em explicar a origem e caracterização das coisas e pessoas. Nesta busca constante por conceituar objetos e seres humanos foi criando grupos que têm características comuns entre si e, no processo, distinguindo indivíduos que apresentam comportamentos diferentes. A classificação das diferenças justificou exploração, opressão e segregação. Para sacralizar tal atitude bastava salientar as características consideradas como positivas de seus pares e tornar de conhecimento público as negativas pertencentes ao outro grupo.

Nessa incessante busca o homem caracterizou a todos construindo sua identidade a partir das referências obtidas por meio da observação do outro. Nesse processo as diferenças serviram de motivo para excluir e dominar. Sendo assim, a construção das identidades, desde primórdios, está calcada pela seleção de características vistas como aceitáveis ou não.

Penso que faz necessário, para uma melhor compreensão, conceituar a palavra identidade, para tal observei que, segundo o dicionário, a identidade consiste no "[...] conjunto de caracteres próprios e exclusivos de uma pessoa: nome, idade, estado, profissão, sexo, defeitos físicos, impressões digitais, etc." (FERREIRA, p. 913, 1975). O Referencial Nacional para a Educação Infantil (RNEI, 1998, p. 13) apresenta a seguinte consideração:

> A identidade é um conceito do qual faz parte a ideia de uma distinção, de uma marca de diferença entre as pessoas, a começar pelo nome, seguido de todas as características físicas, de modo de agir e de pensar e da história pessoal. Sua construção é gradativa e se dá por meio de interações sociais estabelecidas pela criança, nas quais ela, alternadamente, imita e se funde com o outro para diferenciar-se dele em seguida, muitas vezes utilizando-se da oposição.

Os conceitos de identidade que constam no dicionário e no Referencial Nacional confirmam a ideia de que a construção da identidade tem origem nas diferenças e que este processo se dá por meio do contato com o outro, com suas diferenças. Na classificação dessas, originam-se as discussões em torno do gênero baseadas, inicialmente, nas biológicas para, posteriormente, serem pensadas e discutidas a partir da situação sociocultural (MURARO; BOFF, 2002).

Sendo assim, essa construção da identidade ocorre na observação e convivência dos componentes da família, utilizando destes as experiências e fontes de significados que constitui sua cultura, história, relações funcionais e de poder. Para tal são utilizados, também, a história do grupo social, a memória coletiva, os aparatos de poder, as revelações de ordem religiosas ampliadas da constituição biológica, bem como as fantasias pessoais.

Tudo isso acontece a partir da relação com a história de vida e o mundo que cerca as pessoas. Sendo assim, toda identidade é construída socialmente e este fato acontece em um palco marcado por relações de poder, onde os atores constroem significados, tendo como base um atributo cultural. Fagundes (2001), analisa a complexidade dessa construção da identidade do ser mulher e do ser homem ao afirmar que tudo se inicia com o auto reconhecimento e com a construção da identidade pessoal. Nos lembra que tudo se inicia após o nascimento "num processo simbiótico com as figuras parentais, em interação com o meio, até expressar-se como individualidade em atitudes e sentimentos sobre o eu" (FAGUNDES 2001, p. 2).

Nesse processo vão sendo negadas as características que, segundo o grupo social, não fazem parte daquelas que são formadoras da personalidade de uma menina, e esta vai assumindo o que constitui traços tipicamente femininos. Assim, a família reproduz pensamentos culturalmente construídos a exemplo de uma menina não deve subir em árvores para as frutas não ficarem estragadas, e isto com o objetivo de controlar seu comportamento, afinal ela não pode se comportar como um "moleque macho" expressão usada no seio de famílias que não aceitam que menina e menino ocupem os mesmos lugares.

E, em alguns momentos históricos algumas atividades realizadas pelos meninos eram proibidas para as meninas, para não romper o hímen prova de sua virgindade que era cobrada após a noite de núpcias. Desta forma, o processo de construção da identidade perpassa por uma metodologia complexa, na qual esquecemos o que somos e absorvemos o que o grupo social afirma, o que devemos ser e, neste processo, internalizamos uma personalidade.

Segundo Beauvoir (2009), as pessoas nascem com gêneros biológicos quase sempre definidos, mas o jeito de ser de cada um é construído pela cultura, ou seja, não se nasce menina, estas características cobradas socialmente são construídas. A autora afirma que quando o indivíduo nasce ele se torna homem ou mulher, pois este tem sua identidade construída por meio das relações sociais e dos diferentes sentimentos.

Aprendi que a compreensão de ser homem ou mulher pode assumir características diferentes em um certo momento histórico ou numa outra cultura/sociedade. Assim compreendido, a construção da identidade de gênero possibilita à criança reconhecer-se como pertencente ao gênero masculino ou feminino com base nas relações e contratos socioculturais estabelecidos antes do seu nascimento.

Essa discussão extrapola a compreensão do exercício de papéis sociais, uma vez que pertenceria a cada gênero conhecer o que lhe assenta, ou não, adequando-se a essas esperas, as opções estão implantadas em contextos já previamente marcados: lugares de meninos e lugares de meninas. Desse modo, observar a aprendizagem de papéis masculinos e femininos sugere que o ser homem e o ser mulher podem desempenhar uma variante de formas: intricadas organizações de poder estão submersas nos discursos e práticas que representam as instituições que são elaboradas a partir das relações de gênero.

A discussão que envolve os papéis sociais extrapola o aprendizado em torno do assunto. Assim sendo, caberia a cada homem e cada mulher conhecer e optar pelas suas conveniências, adaptando-se às expectativas. Ocorre, pelo que Beauvoir (2009) nos mostra, de que os lugares das mulheres e dos homens já se encontram culturalmente demarcados. Isto significa que o estudo dos papéis sociais femininos e masculinos implica na compreensão sobre o significado de feminilidade e masculinidade, bem como sobre as redes de poder que envolvem as práticas e discursos em torno das relações de gênero.

Alguns símbolos, construídos socialmente por meio da história da humanidade, demarca lugares significativos de menina ou menino: meninas usam rosa, meninos usam azul; meninas brincam de bonecas e meninos, de carrinho. Esses símbolos influenciam no social e na escolha de atividades futuras.

Para entender como a identidade de gênero é construída, é necessário conceituar gênero, e, dessa forma, ficará mais claro e compreensível entender o processo de significação dessas identidades, como afirma Meyer (*apud* LOURO; NECKEL; GOELLNER, 2003, p. 16), "esse conceito prioriza o exame de processos de construção dessas distinções — biológicas, comportamentais ou psíquicas — percebidas entre homens e mulheres", logo nos distancia das abordagens que buscam focar apenas nos papéis/funções, sejam de homens ou mulheres, para nos aproximar de abordagens que consideram as instituições, as normas, os símbolos, leis e políticas de uma sociedade. Seja de como são construídas ou de como são atravessadas pelas representações e pelos pressupostos do que é feminino e masculino, ao mesmo tempo que ou produzem, ou ressignificam essas representações.

Ao discutir identidade Gallagher (1998, p. 30) afirma que

> [...] de expectativas muito diferentes, tanto Freud quanto os behavioristas como B. F. Skinner afirmaram que a experiência era amplamente mais importante para o que somos do que os traços inatos.

O autor demonstra concordar com Meyer no que se refere à construção das identidades, incluindo, na discussão, a identidade de gênero, que é construída a partir de experiências, relações sociais com o outro, e que não se deve levar em conta apenas a influência biológica, mas o legado sociocultural do indivíduo.

Sobre o legado genético que influencia na construção de identidade, Gallagher (1998, p. 79) assevera que "[...] progressos médicos na descoberta das origens genéticas de certas características e doenças físicas como o mal de Huntington têm restaurado a credibilidade da ideia de que a hereditariedade também influencia os traços de comportamento" e complementa que "a hereditariedade pode ser o início da personalidade, mas certamente não é seu fim".

Para mim é perceptível que os autores concordam com a ideia de que o ambiente influencia na construção da identidade, e, consequentemente, na identidade de gênero que é marcada pelas diferenças; mas é observável que a diferença biológica é incluída como mais importante que as outras.

As diferenças biológicas não justificam a discriminação, a dominação e a exploração. Estas levam à exclusão. E se nós mulheres não somos iguais aos homens somos excluídas do seu grupo, tratadas como seres inferiores e aprendemos que devemos ser submissas faces, inclusive, às diferenças físicas, recaindo em equívocos referentes à fragilidade da mulher e fortaleza do homem: o homem é apenas razão? O homem não se emociona? O homem não chora? A história não mostra isto. A mulher é frágil fisicamente? A história também não mostra isto.

Nós mulheres somos fortes nos afazeres domésticos, do mesmo modo somos fortes ao cuidarmos da casa, filhos, maridos. Nós mulheres somos fortes na dor ao parirmos os filhos do casal. A história mostra mulheres praticando esportes antes apenas peculiares aos homens. Então a história quebra os mitos e os equívocos. Observando desde a antiguidade podemos constatar que as mulheres e homens são fortes e fracos a depender das situações.

Nós já mostramos o quanto somos capazes de realizarmos as mesmas atividades profissionais, intelectuais, políticas e sociais que os homens executam. Porém existe um forte preconceito que tem como consequências para nós mulheres: menores salários que os dos homens, sobrecarga de trabalho doméstico e maior responsabilidade na educação dos filhos.

De acordo com Passos (2001, p. 13), "Antes mesmo do nascimento de uma criança, uma série de diferenciações faz parte dos pensamentos, expectativas e atitudes dos adultos sobre ela, que se desenvolvem durante o processo de espera". Assim compreendido, nossa identidade começa a ser construída antes mesmo do nosso nascimento: nomes, padrinhos e madrinhas, cores, roupas, festas, casamentos são pensados antes do parto.

Em virtude de todas essas especificidades históricas a educação estabelece normas diferentes para nós mulheres e para os homens, pois a cultura institui regras e padrões diferenciados para o menino e para a menina. Desta forma, a sociedade estabeleceu quais as profissões consideradas femininas e quais as masculinas.

É observável para qualquer um que se interesse pela temática que essas escolhas das profissões para cada gênero estão enraizadas nas características femininas ditadas pela sociedade ocidental, como: fragilidade, bondade, emotividade, passividade, submissão, enquanto que as correspondentes ao do homem residem nas forças física e emocional, racionalidade, agressividade e autonomia.

A cultura condiciona também como mulheres e homens devem se comportar, pensar e atuar na família, na escola, no trabalho e na sociedade, considerando que nós mulheres somos mais aptas para o trabalho doméstico, enquanto os homens são mais adequados para as atividades públicas. Esta seleção dos trabalhos baseia-se nas características biológicas: órgãos genitais, menstruação, gravidez, amamentação e menopausa e onde essas características fragilizam o resultado do serviço, na assiduidade e pontualidade.

## 1.2 A Situação da Mulher Brasileira no Cenário Construído

Estamos inseridas em um contexto social que evolui constantemente, e, sendo assim, não seria concebível escrever este livro sem descrever e refletir sobre a historicidade em que nós mulheres e homens estamos mergulhados para que haja uma melhor compreensão sobre a temática que perpassa pela educação das meninas que se inicia na família e expande-se para a escola.

Essa construção cultural do que é ser mulher ou homem teve início no período chamado pelos historiadores de pré-história, provavelmente no período Paleolítico, e, desde então, a mulher e o homem evoluíram bastante: deixaram a vida nômade, construíram aldeias, domesticaram animais, inventaram instrumentos para facilitar a vida diária e, tudo isto, em alguns milhares de anos.

Historicamente, a humanidade esqueceu que, foi graças ao seu cuidado com os filhos que, ao invés de seguir o homem nas caçadas no período Paleolítico, a mulher caminhou no passo de uma criança, plantou sementes, domesticou animais e impulsionou o nascimento das primeiras aldeias.

O homem, por sua vez, utilizando-se de sua força destrói as sociedades matriarcais, aprisionando as mulheres nas casas e templos.

Se pensarmos que o período de existência dos seres humanos na Terra é de dois bilhões de anos, e que o período patriarcal corresponde a 0,5% desse tempo de existência, perceberemos a importância da préhistória na construção da humanização, conforme Muraro (2000) esse período histórico conhecido pelas culturas de coleta e partilha foi o mais extenso da existência humana, e que os de cultura de caça não ultrapassa 500 mil anos. Esses são períodos matriarcais, a história do patriarcado que se inicia com o início das sociedades agrárias tem uns dez mil anos e o da industrialização apenas 200.

Desde o período da humanidade que ficou conhecido como préhistória a mulher tem demonstrado sua força e seu altruísmo. Enquanto comunidade nômade a caça, atividade importante para a sobrevivência da espécie nesta época, mantinha os homens afastados do grupo familiar por longos períodos. As mulheres ficavam com os filhos e precisavam saciar a fome e cuidar da proteção, garantindo a sobrevivência de ambos. Nesta busca para saciar suas necessidades vitais e a de seus filhos, a mulher inicia a domesticação de alguns animais e a plantação de alguns tubérculos, enquanto esperava o retorno dos caçadores.

Quando o homem descobre que não é mais necessário sair com tanta frequência em busca de animais, provavelmente, começa o conflito de gênero, pois mulheres e homens passam mais tempo juntos e seus comportamentos são norteados pela estrutura biológico-hormonal que, na mulher, sob o efeito do hormônio estrogênio tem o instinto agressivo inibido, enquanto no homem, sob o efeito do androgênio, potencializa-se.

Ao elaborarem as diferenças socioculturais características desse tipo influenciaram nas divisões de tarefas: ao homem coube as tarefas que estavam ligadas ao perigo físico, à conquista territorial e a dominação; às mulheres, por serem mais ligadas a pessoas do que a objetos, coube as funções de cuidados com a família e os artefatos domésticos, esquentaram os corpos de seus filhos com peles, e, nesses cuidados, inventaram os tecidos. Por esta razão, foi mais fácil para o homem mantê-la em suas casas e nos templos, nós, mulheres, estamos ligadas a pessoas, não a objetos. Nós ressignificamos estes, os transformamos em símbolos, e ao fazê-lo os atos passam a ser rituais. Por que isso acontece? Porque focamos nas relações pessoais, no cuidado da vida, somos mais sensíveis ao universo do simbólico e do espiritual, somos capazes de sermos empáticas e de comungar com o diferente. Qualidades tão necessárias, e que são praticamente inexistentes nos espaços de poder atualmente (MURARO; BOFF, 2002).

Como resultado da maternidade e do cuidar do outro a mulher finda por criar relações de afeto, significar objetos necessários aos cuidados com a alimentação e saúde o que pode ter justificado o surgimento das crenças e mitos religiosos. Possivelmente quando as ervas não surtiam efeito, ou o que foi coletado não era suficiente para alimentar a todos a mulher buscava auxílio no mundo invisível dos deuses.

O homem mostra-se mais conectado a objetos, ao mundo material, ao processo de produção, e nele tende a objetivar pessoas. Mostram-se também inclinado a riscos desnecessários, a conquistar poder e status, a estar no topo da hierarquia, de preferência. (MURARO; BOFF, 2002)

Essas diferenças permearam as relações humanas em todas as épocas e continuam evidentes atualmente, pois "[...] a nossa sociedade de corte capitalista e altamente competitiva oprime estruturalmente a mulher" (MURARO; BOFF, 2002, p. 50), resultando na dominação do homem e na marginalização da mulher.

Historicamente, a mulher brasileira tem percorrido um caminho difícil. Os primeiros habitantes europeus no Brasil interessavam-se apenas por extrair as riquezas da colônia para, então, retornarem à Europa.

Nessa mudança, não trouxeram, inicialmente, suas famílias para a Colônia, e, sem entender a cultura indígena, julgando os costumes dos índios norteados por seus próprios valores culturais, veem os comportamentos das índias sob o olhar do europeu patriarcalista, onde mulheres apetecíveis, nuas, limpas e sexualmente livres, eram para serem desejadas e não respeitadas, pois não tinham vergonha, logo, usaram as indígenas como escravas, inclusive sexuais, mesmo com a chegada das europeias. (LOURO; NECKEL; GOELLNER, 2000)

A fixação das europeias no Brasil deu-se sob um sistema extremamente patriarcal, onde as mulheres eram consideradas propriedade do homem. No

Brasil Colônia a mulher ficava restrita, quase mesmo confinada, ao espaço doméstico, saindo de casa apenas para ir à missa. Seus afazeres resumiam--se a tarefas domésticas como cozinhar, fazer rendas, bordar, cuidar dos filhos se os tivesse ou da família de modo geral. Não podiam estudar, pois sair de casa representava um perigo no sentido de que poderiam travar conhecimentos amorosos sem a permissão do pai. Louro, Neckel e Goellner (2000, p. 79) mostram o que o homem da época pensava sobre o assunto quando escrevem:

> O sexo feminino fazia parte do *imbecilitus sexus*, ou sexo imbecil. Uma categoria à qual pertenciam mulheres, crianças e doentes mentais. Era muito comum o versinho declamado nas casas de Portugal e do Brasil que dizia: 'mulher que sabe muito é mulher atrapalhada, para ser mãe de família, saiba pouco ou saiba nada'.

Os costumes da época definiam uma situação social extremamente inferior para a mulher. Neste contexto, não apenas a mulher negra e a de origem indígena eram exploradas como escravas ou objeto sexual, mas também as mulheres brancas, senhoras das grandes propriedades, eram consideradas como seres inferiores. A mulher tinha como função principal a procriação e a supervisão das tarefas domésticas.

Ao menstruar, as meninas brancas já eram consideradas aptas ao casamento, que aconteciam geralmente dos 12 a, no máximo, 14 anos, depois já passavam a ser consideradas "velhas". Eram casadas com homens muito mais velhos e morriam bem antes que seus maridos, seja de violência doméstica ou de parto, já que eram vistas como parideiras, ou máquinas de fabricar filhos (MURARO, 2000).

Freyre (2004) mostra que a glória dos velhos coronéis era ter várias esposas, cada uma deixando vários filhos, assim, ao morrerem sua virilidade era glorificada pela quantidade de mulheres e filhos que apareciam em seu epitáfio.

No século XIX, Marx e Engels declarava que a primeira opressão de classes teria ocorrido com a opressão do sexo feminino pelo masculino, e, na família, o homem representaria o burguês e a mulher, o proletariado. Enfatizava, desse modo, a necessidade de estabelecer a igualdade social entre ambos, que se manifestaria por meio da "igualdade legal" (MARX; ENGELS, 1997, p. 36).

As regras históricas e sociais desiguais permaneceram atualizadas na sociedade brasileira até o século XX. As tentativas de rompimento dessas normas sociais sempre provocaram um profundo desgaste emocional, perda de padrão econômico e marginalização social às mulheres que decidiram enfrentá-las. Os limites e repressões que foram incorporados na representação social da mulher, presentes no imaginário popular e na subjetividade dos indivíduos inclusive da própria mulher na sociedade brasileira situaram-na na condição de inferioridade social e na posição de cidadã de segunda classe na esfera política nacional.

Ao se tratar das moradoras de regiões rurais, a opressão e a condição de inferioridade são maiores, pois, além de jornada dupla ou tripla de trabalho, à quantidade de filhos que dá a luz por falta de políticas públicas que favoreçam uma educação para o controle da natalidade, ainda sofrem as maiores sansões da sociedade sobre seu comportamento sexual. Segundo Muraro (2000, p. 156, grifo nosso), "Por qualquer desconfiança de adultério ou perda de virgindade o marido ou pai **pode matar a mulher** sendo absorvido por 'legítima defesa da honra'". Esta é uma das formas cruéis se não a mais cruel de preconceito, discriminação e violência contra a mulher.

Nesse contexto, as mulheres negras faveladas, moradoras dos grandes centros urbanos formam uma comunidade matricêntrica e matrilocal, apesar dos valores patriarcais que continuam difundindo haja vista que são elas que assumem sozinhas a educação e o sustento dos filhos e às vezes netos.

Possuem um comportamento sexual mais permissivo por terem a capacidade de sustentar-se sozinha. Sobre isso, Muraro (2000, p. 157) informa que: "Na América Latina, o número dessas famílias é muito grande, cerca de 10% do total, e quase todas nas áreas mais pobres", mostrando que a família nuclear só é possível em camadas de uma certa renda, e portanto é um privilégio de classe.

Apesar das desvantagens indiscutíveis da posição ocupada pela mulher dentro da sociedade, geradas pela subserviência e desigualdade e do autoritarismo e atitudes antidemocráticas adotadas pelo homem em relação a seus membros constituintes, essas normas foram copiadas pela sociedade brasileira.

Muitas foram as lutas pela emancipação da mulher no Brasil, onde não lhes era permitido o acesso aos Cursos Superiores ou a qualquer atividade política ou intelectual até fins do século XIX, exceto porém apenas àquelas que as famílias podiam pagar por seus estudos, as de classes desfavorecidas economicamente não tinham acesso à escola.

Lutando contra todo tipo de discriminação, a mulher brasileira conseguiu, gradativamente, vencer dois grandes desafios: o acesso à educação em todos os níveis e o direito ao voto nas mesmas condições que os homens. Entretanto, na sociedade brasileira, a situação feminina continua ainda sob o estigma de minoria.

Em 1963, com a situação econômica já fragilizada, o conflito ideológico exacerbado pela Guerra Fria, então em seu auge, a forte influência norte-americana sobre os militares brasileiros; o Brasil, à beira de uma guerra civil, foi submetido a um regime de governo militar extremamente autoritário e a classe trabalhadora foi impedida de reivindicar melhores salários ou benefícios. Sem um sistema democrático atuante, com todo o poder centralizado no governo militar que controlava a mídia e não admitia oposição política legítima, o País passava por um forte processo de desenvolvimento econômico.

A Industrialização e o grande avanço econômico embora restrito ao campo social, ocorrido nos anos 60 e 70, criaram a necessidade de maior participação da mulher no processo produtivo. A necessidade de ocupação de postos de trabalho no setor de serviços possibilitou o caminho para a participação feminina no mercado de trabalho, principalmente nas atividades que exigiam maior capacidade intelectual. Esta capacitação exigia, quase sempre, a formação de nível superior.

Assim, as mulheres lotaram os Cursos Superiores qualificando-se para os novos postos de trabalho. Inseridas neste mercado e nas universidades as mulheres passaram a não aceitar, pacificamente, a condição de objetos sexuais ou máquinas reprodutoras.

As mulheres estavam cansadas de serem vistas e tratadas como objetos sexuais, e sem prazer/orgasmo, há muito tempo, fato que só foi visto como um direito nosso a partir dos anos 1960, fruto de movimentos sociais femininos e de reinvindicações inclusive por lugares decisórios seja nas empresas, nos sindicatos ou na política. (MURARO, 2000).

Começava a era do crescimento e este não poderia ocorrer sem aumentar o contingente de mão-de-obra, o que só se concretizou com o aumento da produção da mulher. Assim, tanto aumentou a oferta dos postos de trabalho para a mulher, como também cresceu a participação feminina no mercado de trabalho em praticamente todos os setores da vida nacional.

A necessidade de suprir a demanda por mão-de-obra qualificada possibilitou o aparecimento de muitas instituições de Ensino Superior privadas, propiciando, também, o aumento de vagas nas instituições públicas.

O acesso a diferentes áreas do Ensino Superior trouxe oportunidades de qualificação profissional para as mulheres e proporcionou o aumento de sua participação em setores de atividades de elevado cunho técnico-profissional. As mulheres passaram a ocupar funções que requeriam qualificação equivalente ao nível superior.

Este aumento da participação na atividade produtiva em setores considerados importantes da economia nacional viria exercer poderoso impacto sobre a promoção da própria condição da mulher no País.

Com a ampliação das oportunidades de acesso ao Ensino Superior e com a oferta de maior número de vagas, em decorrência da criação de novos cursos, aumentou a participação feminina nas universidades, tanto nos campos discente quanto docente, elevando-se, assim, o número de mulheres portadoras de nível superior e aptas a assumirem novos cargos.

O aumento do número de mulheres nas academias torna-se motivo para discussões sobre opressão e subordinação feminina nos currículos. Segundo Silva (1999, p. 91),

> Inicialmente, a teorização crítica sobre a educação e o currículo concentrou-se na análise da dinâmica de classe no processo de reprodução cultural da desigualdade e das relações hierárquicas na sociedade capitalista. A crescente visibilidade do movimento e da teorização feminista, entretanto, forçou as perspectivas críticas em educação a concederem importância crescente ao papel do gênero na produção da desigualdade.

As discussões sobre as teorias de gênero no Brasil seguiram a mesma trajetória da que foi utilizada para o conceito de classe: questionar todo o tipo de desigualdade. Essas discussões fizeram surgir novos olhares sobre a sociedade e novas ferramentas conceituais para nortear esses olhares, sob a perspectiva feminista, causando uma reviravolta epistemológica. "Ela amplia o insight, desenvolvido em certas vertentes do marxismo e na sociologia do conhecimento, de que a epistemologia é sempre uma questão de posição" (SILVA, 1999, p. 94). Logo, a posição social que cada pessoa ocupa a faz conhecer algumas coisas e desconhecer outras.

Partindo do pressuposto de que toda produção cultural é resultado de uma historicidade provinda de conflitos e movimentos sociais, a contribuição das teorias de gênero mostra-se como instrumento eficaz para compreender a complexidade humana e auxiliar no avanço das futuras relações mulher-homem.

## 1.3 A Educação Por meio da História: a Chegada das Meninas à Escola

Na revolução do período Neolítico inicia-se a complexa evolução do hominídeo e tem início o processo de educação dos mais jovens. Segundo Cambi (1999, p. 58), "Já nesta fase, a educação dos jovens torna-se o instrumento central para a sobrevivência do grupo e a atividade fundamental para realizar a transmissão e o desenvolvimento da cultura". Esse processo ocorre, inicialmente, num jogo de imitação e finda em uma revolução educativa, estruturando paralelamente o que a posteriori se concretiza uma divisão de trabalho, uma divisão educativa entre o homem e a mulher, "entre especialistas do sagrado e da defesa e grupo de produtores" (1999, p. 58). A reprodução das estruturas culturais é fixada pela família. Por meio da reprodução seja dos papéis sexuais ou sociais, competências elementares e introjeção da autoridade. Produzindo assim a implementação dos locais de aprendizagem e de adestramento específicos, "nas diversas oficinas artesanais ou algo semelhante; nos campos; no adestramento; nos rituais, nas artes" (CAMBI, 1999, p. 59).

O que começou como em um jogo onde os mais jovens imitavam os mais velhos foi especializando-se, dando origem a uma atividade que, mais tarde, ganhou um local específico para a aprendizagem: a escola.

A educação brasileira, nas escolas ou na família, tem uma influência muito grande da educação europeia da Idade Média caracterizada por uma nova organização da sociedade que acontecia em torno do feudo. A cultura feudal caracterizava-se pela devoção à fé cristã, aos seus dogmas e mitos. Substituindo as escolas estatais romanas de Gramática e de Retórica, as escolas monásticas propõem uma formação não literária, mas religiosa.

No século XV, surge o sentimento da infância e, com ele, a necessidade da formação moral além da intelectual, e, como na Idade Média, misturavam-se as diferentes ideias. Dentro de um espírito de liberdade de costumes surge a escola e o colégio como locais para colocar as crianças e, segundo Ariès (1981, p. 107), "adestra-las, graças a uma disciplina mais autoritária, e, desse modo, separá-las da sociedade dos adultos".

Ariès (1981) amplia a discussão e afirma que esse estabelecimento educacional possuía regras de disciplina que completou a evolução que conduziu da escola medieval, simples sala de aula, ao colégio moderno, instituição complexa, não apenas de ensino, mas de vigilância e enquadramento da juventude. Devo ressalvar que a escolarização nesse período histórico, apesar de não ser monopólio de uma classe, já mostrava-se monopólio de um sexo nós mulheres erámos excluídas.

Com o nascimento do sentimento da infância no qual a criança era analisada como um ser fraco que necessitava de cuidados para seu desenvolvimento, os colégios introduziram uma disciplina rígida para garantia dos parâmetros sedimentados e considerados como verdades absolutas: "a vigilância constante, a delação erigida em princípio de governo e em instituição, e a aplicação ampla de castigos morais" (ARIÈS, 1981, p. 117). O professor ou mestre como era chamado, utilizava tanto a espionagem quanto os castigos físicos para seu benefício.

O objetivo da educação escolástica era humilhar a infância com a finalidade de distingui-la e melhorá-la. O início de repugnância a esse modelo escolar principiou na França, em 1763, quando as autoridades decidiram reorganizar o sistema escolar e suprimir, de acordo com Ariès (1981, p. 119), "[...] tanto os castigos corporais como os princípios medievais de emulação adotados pelos odiados jesuítas".

Neste modelo os meninos eram educados pelos jesuítas para serem competitivos. Às meninas era reservada a educação doméstica, depois criou-se o hábito de enviá-las para os conventos a fim de receberem a educação religiosa, e, sendo assim, mal sabiam ler ou escrever. Porém, no desenrolar desse processo a situação passa por transformações:

> No fim do século XVII, o Saint-Cyr de M^me de Maintenom forneceria o modelo de uma instituição de caráter moderno para as meninas, que aí ingressavam entre os 7 e os 12 anos e saíam em torno dos 20. As queixas contra as pequenas escolas mistas e o ensino das ursulinas indicam uma tendência geral em favor da escolarização feminina, mas essa escolarização se iniciaria com um atraso de cerca de dois séculos. (ARIÈS, 1981, p. 126).

A visão que se tinha da mulher era de uma figura marginal, subalterna ao homem de tal maneira que recebia menos alimento que seus irmãos, a sobrevivência desses era mais importante, e eram criadas ausentes da educação escolar. Seguindo a ideologia cristã, erámos postas entre o mito de Eva, a pecadora, e o de Maria, a mãe virginal e amorosa. Marginalizadas e exaltadas como esposas ou amantes (CAMBI, 1999).

O autor se refere à visão que se tinha da mulher na Idade Média, que deixou resquícios no imaginário popular contribuindo na construção da identidade patriarcal. Neste modelo a mulher é vista como uma pessoa de moral ilibada, que serve ao casamento e a maternidade, ou de moral duvidosa, própria para amante e concubina. Estas diferenciações são norteadas não apenas pelo comportamento feminino, mas pela classe social a qual estariam inseridas. Sobre a maneira de educar da sociedade medieval, Cambi (1999) ainda enfatiza que as mulheres, as crianças e os jovens eram exaltados por características que lhe "eram" próprias e que em todos os casos necessitavam de castigos severos para controlar: a criança pelo desconhecimento da vida e do mundo, logo era exaltada pela inocência; a juventude era exaltada pela vagabundagem e a mulher com a idealização.

Os portugueses trouxeram para o Brasil essa herança cultural e transformam os engenhos em pequenos feudos:

> A centralização do poder, o uso da força e do castigo, a escravidão, a distinção de classes, a inferioridade do povo permaneciam como ingredientes culturais fortes. Os senhores subvertiam a ordem, fazendo [...] o novo eixo social (LOPES; FILHO e VEIGA, 2000 p. 56).

O uso dos castigos não faziam parte apenas da cultura europeia, os índios brasileiros utilizavam-se também do medo como um instrumento para moldar comportamentos.

Freire, em seu livro *Casa Grande e Senzala*, descreve sobre os Zuñi, descrevendo uma dança destinada a incutir nos curumins sentimentos de obediência e respeito aos mais velhos. Por meio de uma dança na qual os personagens "eram uns como papões ou terríveis figuras de outro mundo, descidos a este para devorar ou arrebatar meninos maus [...] terminando na morte de uma criança, escolhida entre as de pior comportamento da tribo" (2004, p. 199).

O castigo descrito objetivava nortear o bom comportamento de todas as crianças da tribo e, certamente, a deixava com medo de fazer algo que pudesse provocar a própria morte, fato que a levava a ter um excelente nível de obediência. Sobre a utilização do medo para educar, Melatti (1970) afirma que, na tribo dos Krahó, alguns indivíduos possuíam o papel de punidor, os coãs. Essa punição acontecia em um dos momentos do rito do pássaro coã, no qual se escolhia quem deveria quebrar uma casa de marimbondo.

Nesse momento eram castigados pelos coãs os homens que não tinham comportamento considerado adequados pela sociedade, desde os brigões aos homens que costumavam agredir as esposas. Logo, aquele momento do ritual se tratava da punição que a sociedade aplicava aos indivíduos que possuíam um comportamento considerado reprovado. Os castigos que aconteciam tinham um objetivo, nada acontecia por acaso, tinha cunho educativo.

Podemos observar que o medo, como instrumento para moldar comportamento, não é herança apenas da cultura ocidental e influenciou sobremaneira no ambiente educacional. Essa ferramenta para punir e educar foi muito utilizada pelas famílias para nortear a forma de agir e ser das meninas. O resultado foi meninas, e, futuramente, mulheres mais submissas, aceitando as diferenciações de educação entre estas e os meninos.

Por sua condição inferior na sociedade, a mulher não tinha o menor direito à aquisição de cultura ou conhecimento de qualquer natureza. E, quando as famílias aceitavam que as filhas obtivessem uma educação escolar, esta era realizada nos conventos, que no Brasil só surgiram na segunda metade do século XVII. Neles se priorizava do ensino da leitura e escrita ao do cantochão e do órgão aos trabalhos domésticos, com ensino de preparo de doces e de flores artificiais (LOURO; NECKEL; GOELLNER, 2000).

Podemos observar que os ensinos nos conventos objetivavam às meninas um melhor cuidado e gestão da casa e dos trabalhos domésticos. Devo acrescentar que as mulheres que tinham acesso aos conventos eram as filhas das famílias abastardas. Como as mulheres eram vistas como seres que deveriam viver em função do homem, as moças brancas e pobres, àquelas que não possuíam dote que era um requisito para o casamento, e não tinham a opção do trabalho fora de casa, ficavam apenas as opções de irem para o convento (a mulher santa) ou se tornar prostituta (a mulher pecadora).

Se pensarmos que a mulher está na escola há menos de 220 anos entenderemos porque os traços culturais vigentes são, predominantemente, masculinos.

No período colonial a instrução era reservada aos meninos, homens, indígenas e colonos, pois segundo Paiva (2000. p. 44), "os jesuítas deviam estar convencidos de que isso era importante para os homens desta terra", ou seja, a intenção de aceitar apenas os homens, não importa se índios ou portugueses, nas escolas práticas era norteada pela finalidade de manter o sistema cultural de Portugal onde as tarefas que cabiam à mulher eram os cuidados com a casa, o marido e os filhos e para tal não era necessário ir à escola.

Além de não poder frequentar a escola a mulher devia obediência ao seu marido, que podia também ser seu algoz. O homem colonial utilizava a força e o castigo para centralizar o poder, porque existia uma educação que utilizava o medo como ferramenta e este mecanismo tornava difícil a ascensão da mulher nos círculos dos diversos poderes, e, nos templos, os sacerdotes impunham o medo para que as fiéis seguissem as normas religiosas vigentes no período colonial brasileiro, onde deveriam seguir o comportamento de Maria.

Na segunda metade do século XIX os pais começaram a permitir que suas filhas aprendessem a ler e escrever. Mas o objetivo era prepará-las para conseguir um casamento melhor e servirem de forma submissa aos seus futuros maridos, conforme reflexão de Nísia Floresta, fiel portadora dos princípios emancipatórios da mulher que marca sua época e atrai para si a força da tradição nordestina e a hegemonia do patriarcalismo (MELO; FREITAS; FERREIRA 2001 *apud* FAGUNDES, 2001).

Os autores supracitados reforçam essa ideia quando afirmam sobre a temática que o Brasil possuía um programa educacional de caráter elitista e discriminatório, sendo que a primeira legislação educacional que fez menção às mulheres só foi publicada em 1827. A lei favoreceu a abertura de escolas, com um maior número de vagas destinada aos meninos e currículo diferenciado para as meninas. Como havia um número reduzido de colégios e os estabelecimentos particulares eram geralmente caros as meninas, filhas das famílias menos abastardas, não tinham oportunidade de estudar (MELLO; FREITAS; FERREIRA 2001 *apud* FAGUNDES, 2001).

O direito da mulher ao estudo já havia sido conclamado desde a Constituição de 1823, quando a Independência havia sido proclamada, porém não era garantido pelo Estado, logo só poderia frequentar as escolas as meninas e mulheres das classes abastardas.

Na Legislação de 1827, as professoras eram desobrigadas de ensinar Geometria nos colégios onde o público eram as meninas, mostrando uma clara desvalorização do ensino que era explicada pela diferenciação dos salários das professoras dos colégios para meninos e para meninas (TORRES; SANTOS, 2001 *apud* FAGUNDES, 2001).

Podemos observar que, apesar da Constituição de 1824 propor o Ensino Primário para todos, homens e mulheres, a aplicação da Lei de 1827 restringe o ensino direcionado às meninas à leitura, a escrita, a aritmética, enfatizando os trabalhos manuais, como uma representação do papel social da mulher. A Lei constituía-se, então, em um instrumento de discriminação dos sexos.

Em 1879, o Brasil abre as instituições de Ensino Superior às mulheres mas as jovens que seguem este caminho ainda são, por longo tempo, sujeitas a pressões e desaprovação social.

Em 1932, as mulheres brasileiras conquistam o direito à participação no Ensino Superior e na atividade política nacional. Entretanto a trajetória em busca da igualdade e do direito a participar, realmente, na liderança econômica, acadêmica, científica e social seria ainda longa e difícil.

Apesar das mulheres estarem nas escolas e no Ensino Superior, apenas uma pequena parcela da população tinha acesso as mesmas: as escolas privadas e públicas não tinham vagas para todos.

Na Constituição Federal de 1934 surge pela primeira vez um capítulo destinado a Educação no Brasil. Nela fica claro que o Governo Federal é o responsável para traçar as diretrizes da educação no país, conjuntamente ao Governo dos Estados.

É criado o Conselho Nacional de Educação e, com ele, o Plano Nacional de Educação. Nele fica garantido que a educação é um direito de todos, porém em seu Art 50 evidenciava a limitação da matricula a capacidade didática do estabelecimento e seleção por meio de provas de inteligência e aproveitamento, ou por processos objetivos apropriados a finalidade do curso.

O texto do artigo evidencia a pouca oferta de vagas no Ensino Público, o que limita a quantidade de alunos e quem deve ir à escola. Em uma família que possui meninas e meninos a preferência para ter acesso aos estudos é dos homens, por serem futuros provedores. Em um momento histórico em que a maioria das mulheres não trabalha fora de casa é uma escolha racional, mas que não auxilia a maioria das meninas. Estas são forçadas a continuar com o papel que as coube durante muitos séculos: ser mãe e cuidar do lar.

Em 1961 o então Presidente da República fixa as Diretrizes e Bases da Educação no Brasil, surgindo a primeira LDBEN (Lei de Diretrizes e Bases da Educação no Brasil n.º 4.024/61). Esta como fruto de uma época onde a mulher continua não sendo vista como cidadã, define em seu Art 1.º que a educação nacional, inspirada nos princípios de liberdade e nos ideais de solidariedade humana, tem por fim: "[...] alínea *g* a condenação a qualquer tratamento desigual por motivo de convicção filosófica, política ou religiosa, bem como a quaisquer preconceitos de classe ou de raça".

O que podemos observar é que o preconceito de gênero não constava no texto da LDBEN de 1961, o que favorecia a preferência pela matrícula dos meninos nas escolas. Fato que auxiliava na exclusão das meninas cujas famílias não tinham condições econômicas para pagar uma escola privada.

No Art. 27, abriu-se uma lacuna para as meninas que não conseguiram se matricular na idade correta: o ensino primário é obrigatório a partir dos sete anos e só será ministrado na língua nacional. Para os que o iniciarem depois dessa idade poderão ser formadas classes especiais ou cursos supletivos correspondentes ao seu nível de desenvolvimento.

As meninas que quisessem estudar e não conseguissem vagas poderiam esperar um pouco mais, até ter condições de trabalhar como empregada doméstica, geralmente dormindo no emprego, e matricular-se nas classes especiais ou supletivos. Geralmente morando longe das famílias, trabalhando em troca de casa, comida e roupa, mas com acesso à escola.

Apenas na LDBEN de 1971(5.692/71) se institui um currículo comum em seu Art. 4.º, o qual afirmava que: os currículos do ensino de 1º e 2º graus terão um núcleo comum, obrigatório em âmbito nacional, e uma parte diversificada para atender, conforme as necessidades e possibilidades concretas às peculiaridades na LDBEN de 1971 ficam posto em locais, aos planos dos estabelecimentos e às diferenças individuais dos alunos.

A LDBEN (1971) unificou os currículos de primeiro grau possibilitando a meninos e meninas a mesma educação escolar, só haveria modificações no segundo grau, onde se escolheria o curso que seria realizado.

> Art. 5º As disciplinas, áreas de estudo e atividades que resultem das matérias fixadas na forma do artigo anterior, com as disposições necessárias ao seu relacionamento, ordenação e sequência, constituirão para cada grau o currículo pleno do estabelecimento.
>
> §1º Observadas as normas de cada sistema de ensino, o currículo pleno terá uma parte de educação geral e outra de formação especial, sendo organizado de modo que:
>
> a) no ensino de primeiro grau, a parte de educação geral seja exclusiva nas séries iniciais e predominantes nas finais;

> b) no ensino de segundo grau, predomine a parte de formação especial. (LDBEN/1971).

A partir dessa normatização as meninas que conseguiram estudar o primeiro grau podiam enfim realizar os estudos do segundo grau. O Art. 5.º permite também que elas se profissionalizem, como fica claro no texto a seguir:

> §2º A parte de formação especial de currículo:
>
> a) terá o objetivo de sondagem de aptidões e iniciação para o trabalho, no ensino de 1º grau, e de habilitação profissional, no ensino de 2ºgrau;
>
> b) será fixado, quando se destina a iniciação e habilitação profissional, em consonância com as necessidades do mercado de trabalho local o regional, à vista de levantamentos periodicamente renovados. (LDBEN/1971)

No entanto essa profissionalização das meninas fica atrelada às necessidades de mercado de trabalho. Em uma sociedade patriarcal os espaços para as mulheres é o de cuidadora, dessa forma, as meninas das classes menos favorecidas economicamente findam por se tornarem professoras, enfermeiras e outras funções tidas como femininas.

A LDBEN de 1996 (9394/96) traz novidades para as meninas e seus familiares dando igualdade de condições de acesso e permanência na escola em seu Art. 3.º ao garantir da igualdade de condições para o acesso e permanência na escola, perpassando pela liberdade de aprender, ensinar, pesquisar e divulgar a cultura, o pensamento, a arte e o saber, pelo pluralismo de ideias e de concepções pedagógicas e respeito à liberdade e apreço à tolerância. (LDBEN/1996)

A lei, em seu Art. 5.º afirma que o acesso ao Ensino Fundamental é direito de qualquer cidadão, permitindo que o mesmo caso não tenha seu direito garantido acionar o Poder Público por meio do Ministério Público, como demonstra o texto:

> § 1o Compete aos Estados e aos Municípios, em regime de colaboração, e com a assistência da União:
>
> I – recensear a população em idade escolar para o ensino fundamental, e os jovens e adultos que a ele não tiveram acesso;
>
> II – fazer-lhes a chamada pública;
>
> III – zelar, junto aos pais ou responsáveis, pela frequência à escola.

DE MENINA À MULHER

§ 2o Em todas as esferas administrativas, o Poder Público assegurará em primeiro lugar o acesso ao ensino obrigatório, nos termos deste artigo, contemplando em seguida os demais níveis e modalidades de ensino, conforme as prioridades constitucionais e legais.

§ 3o Qualquer das partes mencionadas no *caput* deste artigo tem legitimidade para peticionar no Poder Judiciário, na hipótese do § 2o do art. 208 da Constituição Federal, sendo gratuita e de rito sumário a ação judicial correspondente.

§ 4o Comprovada a negligência da autoridade competente para garantir o oferecimento do ensino obrigatório, poderá ela ser imputada por crime de responsabilidade.

§ 5o Para garantir o cumprimento da obrigatoriedade de ensino, o Poder Público criará formas alternativas de acesso aos diferentes níveis de ensino, independentemente da escolarização anterior. (LDBEN/1996).

A Legislação Brasileira garante a entrada e permanência das meninas nas escolas fato que poderia por si só garantir uma educação de qualidade, sem discriminação de gênero. Porém são observadas questões que nos leva a questionar de que forma o ensino escolar contribui para a garantia da normatização da submissão das meninas, futuras mulheres, que não se preocupam em estar em maior número nas salas e ocuparem menos lugares de poder na sociedade.

# CAPÍTULO 2º

# A CONSTRUÇÃO DA IDENTIDADE DE GÊNERO NAS MENINAS: MOLDANDO CORPOS E MENTES

*Maria*
*Naquele dia, diante dos gritos*
*Da ensandecida multidão*
*Ergue os olhos para os céus*
*E ora em extremo silêncio*
*Como se nada ali existisse*
*Caminha pelas ruas estreitas de Jerusalém*
*Contrita com as mãos no peito*
*Segue Maria de Nazaré*
*Num diálogo impressionante*
*Sem expressar palavras*
*Comunica-se com o filho*
*Por meio do olhar comovedor:*
*- A tua hora chegou! – Diz, com a voz embargada e serena...*
*- Teu pai está aqui.*
*- Eu sei mulher!*
*- Não temas querido, seguirei ao teu lado. Numa firmeza intraduzível*
*Sabia ela que tudo estava prescrito.*
*Aquele que em seu colo embalou*
*Sangrava e, humilhado pela "escuridão"*
*Seguia ambos numa vivência de fé inenarrável.*
*[...]*
*(Lázaro Zachariadhes)*

## 2.1 A Sexualidade da Menina: Como se Fabrica um Corpo e uma Mente

Ao nascerem, mulheres e homens já encontram as bases definidas para as suas vidas. Mas, já na infância as crianças começam a dar-se conta das diferenças entre ser mulher e ser homem, e aprendem as facetas de cada gênero, principalmente, de forma lúdica e observando/copiando seus familiares.

No decorrer da meninice os contatos iniciais com a família, base norteadora dessa construção, acirram as relações sociais e culturais que ocorrem a partir do nascimento. Por meio da educação familiar a menina e o menino vão aprendendo a ser mulher e homem.

Depois na escola, o segundo espaço de convivência das crianças, as educadoras quase sempre, as classes dos anos iniciais são assumidas por mulheres assumem uma função extraordinária nesse processo, pois servirão de instrumentos de sedimentação dessas ideias secularmente constituídas.

Ao nascerem meninos e meninas possuem o mesmo comportamento: sorriem, choram ao sentir fome ou desconforto, exigem igual atenção, possuem os mesmos gestos, e assim por diante. Durante a formação de sua personalidade passam pelas mesmas fases de desenvolvimento.

Sobre o desenvolvimento mental da criança Piaget (1999) alerta de que apesar de aparentemente os bebês darem uma impressão de passividade, vão assimilando as atividades, se integrando nos hábitos e vivências e construindo percepções por meio da experiência, tudo isso desde a mais tenra infância.

O desenvolvimento mental vai ocorrendo, desta forma, em um equilíbrio progressivo onde se passa de um estado de equilíbrio a outro superior.

Piaget (1999), em seus estudos, nos fornece dados de como construímos a aprendizagem, o que segundo o autor acontece com o nascimento da criança e ocorre em uma constante movimentação de equilíbrio e desequilíbrio, onde o movimento/ação recebe motivação de estímulos exteriores, ou intrínsecos, ao sujeito. Essa motivação parte de necessidade fisiológica, afetiva ou intelectual.

O autor explica que a partir do nascimento o desenvolvimento psíquico se inicia e só termina na fase adulta do ser humano, comparando-o ao desenvolvimento orgânico, indo além discorre sobre a volubilidade e incongruência associadas às ideias infantis e a maturidade e raciocínio do adulto. No desenvolvimento do processo de maturação psíquica, a criança passa por várias fases que propiciam a organização mental.

Segundo o autor as fases do desenvolvimento evoluem do estágio dos reflexos, compreendendo também as primeiras tendências instintivas e as primeiras emoções, perpassando pelos primeiros hábitos motores e as primeiras percepções organizadas (compreendendo também os primeiros sentimentos diferenciados).

A fase que antecede a linguagem com o estágio da inteligência senso-motora com regulações afetivas elementares e as primeiras fixações exteriores da afetividade, a quarta fase como sendo da inteligência intuitiva, compreendendo o estágio da inteligência intuitiva, dos sentimentos espontâneos e relações sociais de submissão ao adulto, a fase dos sentimentos morais e sociais da cooperação e das operações intelectuais concretas e, por fim, a fase das operações intelectuais abstratas, que ocorre a formação da personalidade e a inserção afetiva e intelectual na sociedade compreendida como território do adulto.

As relações sociais obedecem às mesmas leis sendo assim a criança, em sua evolução, assimilará objetos, ação e pensamento que fazem parte de suas experiências. Ocorrerá uma adaptação, ou acomodação, cada vez mais semelhante à realidade a qual está imersa. E a inteligência prática aparece antes da linguagem, mesmo antes de falar a criança observa, imita e apreende o mundo como lhe é mostrado. Ela não tem como comparar ou interferir, pois seu desenvolvimento mental ainda não o permite, o que segundo Piaget só vai ocorrer a partir dos sete anos de idade.

Durante o crescimento, pais e mães constroem/podam o comportamento das crianças: "menina não senta com as perninhas abertas", "arrume a roupinha, pois uma menina não deve andar desarrumada", "menina não joga bola". O que nos leva a reflexão de que o processo de educação das meninas e meninos, inicialmente, perpassa pela educação corporal. Durante a construção das identidades da menina e do menino eles aprendem posturas e movimentos corporais próprios a cada gênero. E, nesse processo, a criança aprende como deve ser e se comportar, quais seus valores e o que é certo e errado na conduta de cada gênero.

A noção do ser menina perpetuada pela sociedade configura-se nas noções de um corpo frágil, passivo, desprovido de força e onde a beleza física é essencial. Nos meninos essas qualidades são inversas, pois a visão das características masculinas pela sociedade é aquela onde o homem possui o corpo forte, agressivo e viril.

A corporeidade, tanto de mulheres quanto de homens, resulta de uma edificação social norteada pelas diferenças de gênero social e historicamente construídas. Neste discurso inclui-se a modelagem dos corpos de acordo às normas inerentes a cada sociedade e em épocas específicas (MELO, 2004).

A partir da educação dos sentimentos até chegar-se às técnicas simbólicas, o corpo humano sempre esteve na mira das construções sociais. Historicamente, cada sociedade constrói a corporeidade de seu povo atentando para uma série de ações que tomam como base um aparato de técnicas físicas, a exemplo de costumes, alimentação, asseio, aprendizado sexual, especialidades esportivas, etc.

No processo de aprendizagem de gênero existe uma restrição às meninas quanto à forma de brincar, o ambiente, os brinquedos e os jogos. Cada cultura/sociedade define se as meninas podem participar de jogos e brincadeiras, e se positivo, quais jogos ou brincadeiras.

Sobre os jogos na fase da operação concreta, dos 6/8 a 11/12, Kishimoto (2000), afirma que estes são frutos da sociedade, são construções sociais. Logo são reflexos das crenças e comportamentos de um povo/época. O que demonstra que o jogo é uma atividade controlada ideologicamente por um grupo de pessoas, não é uma atividade isolada, serve a um propósito que é a manutenção dos valores da própria comunidade onde as crianças estão inseridas.

O autor deixa claro que o jogo é um aparato pedagógico, com função de ensinar as relações sociais. Por meio dele a menina aprende os valores que sua comunidade/sociedade quer que ela apreenda. E tudo isso não acontece de maneira ingênua: é intencional. Aprende-se de forma lúdica comportamentos esperados pela sociedade, e possivelmente, auxiliam também, se não forem bem conduzidos, a formar estereótipos auxiliando na construção de preconceitos e *Bullying*.

As brincadeiras também contribuem para a construção da identidade de gênero, atividades que criam uma falsa cultura lúdica, quando na realidade diferenciam vivências e comportamentos para as meninas e os meninos (ALÉSSIA CRAVO, 2005).

As crianças socializam de forma lúdica com as brincadeiras, e, incorporam o comportamento, regras e local social de cada gênero. As brincadeiras de meninos e de meninas são definidas pela sociedade, de acordo com a visão local de gênero: qual o papel do futuro homem? E da futura mulher?

Assim compreendido, a brincadeira infantil faz parte do processo de construção da identidade das meninas, norteando seu local futuro na sociedade e na família. É necessário chamar a atenção para o fato de que, até as ingênuas brincadeiras infantis estão carregadas de conceitos e preconceitos que auxiliam na construção da identidade da menina e do menino. Elas estão impregnadas de valores, de crenças, de desejos e de preconceitos, seja do grupo familiar em que a criança está inserida, seja de outros grupos sociais que ela faça parte ao longo de sua vida, a exemplo da escola e do espaço religioso (ALÉSSIA CRAVO, 2005).

A autora discorre sobre a formação da identidade infantil que no futuro, constituirá a identidade cultural e, por conseguinte a nacional.

DE MENINA À MULHER

Sendo assim, ficam claras as diferenciações de comportamento feminino ocidental e oriental. Pode-se entender como se construiu a cultura do ser mulher em diferentes locais do nosso planeta.

A este respeito devemos nos alertar para o fato da frequência com que a construção da identidade nacional é marcada pelo gênero pois são masculinas e se mostram-se ligadas a concepções militaristas de masculinidade. As mulheres parecem não fazer parte desse cenário, ficando perceptível as "posições-de-sujeito" construídas, que nós devemos nos encaixar tomando sempre os homens como referência (SILVA 2000).

Dessa forma ao brincarem, meninas e meninos ocuparão espaços de poder relativos aos dos adultos. Tudo de forma natural. Ao brincar de bonecas e casinha a menina está aprendendo o papel de dona-de-casa, de mãe, e, nesse jogo, a menina identifica-se e copia o papel da mãe.

Quando o menino participa da brincadeira finda por ser o pai, o médico, ou algum papel masculino que não o permita fazer comidinhas, cuidar das crianças ou da casa. Ao menino cabe o papel que o adulto ocupa: o de provedor e administrador do lar, aquele que tem uma vida profissional ativa, sem as obrigações sociais de cuidar da casa e da prole.

Fagundes (2005, p. 118), em seus escritos demonstra que chegou a mesma conclusão, onde a vida fora do lar é privilégio masculino, por ser um gênero superior. Um gênero mais forte. O autor ao discutir as brincadeiras infantis mostra que "ao menino é permitido uma série de coisas que são vetadas às meninas: subir em árvores, assobiar, brigar, correr na rua, etc. fazendo com que ele sinta a superioridade masculina". Essa prática não é destituída de ideologia afinal, "ele pertence ao sexo do chefe da família, sendo-lhe reservada a liberdade, privilegiando o mundo exterior".

Assim, aprende-se, brincando, que o mundo da mulher é o lar e o do homem a rua (DAMATTA, 1997). A mulher pode estudar até mesmo ter uma profissão, mas a ela cabe as responsabilidades do lar, o cuidado com a casa e com os filhos. A casa é seu espaço, a educação dos filhos e a manutenção do bom funcionamento da rotina doméstica seus principais objetivos. Logo, torna-se necessário educar as meninas para cuidar das crianças e das tarefas domésticas, por isso os brinquedos e brincadeiras, em sua grande maioria, atendem a uma exigência social: preparar de forma lúdica as futuras e boas esposas e mães.

E, durante o crescimento, os papéis sociais são internalizados. Além das brincadeiras serem diferenciadas as meninas recebem atividades, geralmente domésticas, enquanto o menino tem a vida mais livre gozando, nos primeiros anos de suas vidas, de mais liberdade (ALVES; SOARES, 2001).

Assim compreendido, os meninos têm mais tempo livre e fora de casa do que as meninas e a família entende as diferenças biológicas como marcas de desigualdade entre as meninas e os meninos.

Compreendendo a sexualidade como um elemento constitutivo de cada indivíduo ela é uma expressão de sua personalidade e, apesar da cultura ocidental reduzi-la à função reprodutora a dimensão biológica não é suficiente para explicar a sexualidade humana:

> O componente biológico é traduzido pelo corpo sexuado, matriz na qual se imprimem marcas indeléveis, como os órgãos associados à reprodução e os caracteres sexuais secundários. Neste campo se incluem desde um possível determinante genético para certas características do comportamento sexual, até a complexa fisiologia sistêmica de corpos femininos e masculinos dependentes de arranjos anatômicos funcionais e regulados por fatores neuro-endócrinos. (FAGUNDES, 2005, p. 16).

A sexualidade, porém, realiza-se na corporeidade em sintonia com o psiquismo, compreendendo, além do aspecto biológico outros ligados à emoção, sentimentos e conflitos:

> É por esta dualidade de ordens do instinto e da pulsão, do biológico e do psiquismo, do animal e do humano, do real e do simbólico, que a sexualidade assume tanta importância na vida do indivíduo. Por ela tornamo-nos animais humanos com pretensões divinas, porque é nessa pluralidade de ordens e dimensões que o humano se supera e fere os limites da finitude. Por isso quando polarizamos a sexualidade em uma dimensão exclusiva, fazemos reduções e empobrecimentos. Sexo é apelo da totalidade, não de dicotomização. (FAGUNDES, 2005, p. 17).

Pode-se observar que, embora a sexualidade tenha como suporte um corpo biológico ela deve ser analisada como um fenômeno social e histórico. Podemos perceber que as representações sobre sexualidade, vinculadas especialmente pela mídia, são responsáveis pela naturalização do ser menina.

Porém, é necessário se ater ao fato de que, como afirma Louro (2003, p. 149):

Este texto está centrado em alguns aspectos da publicidade que justificam a sua concepção como um artefato cultural que comporta uma pedagogia destinada a ensinar procedimentos, a regular condutas, a direcionar desejos e comportamentos. Quero indicar pistas que possibilitem olhar para a publicidade como um mecanismo eficiente na produção das identidades de gênero e sexual.

Necessita-se compreender a educação de maneira mais ampla, e, nessa visão, a publicidade é um dos mecanismos educativos presentes nas instâncias socioculturais contemporâneas. Com todas as conquistas alcançadas pelas mulheres, com a grande revolução dos costumes, o novo milênio deixa transparecer conflitos e desequilíbrios na almejada igualdade de poderes entre homens e mulheres.

Um deles refere-se à imagem do corpo da mulher, que ainda é permeada por discriminações, pois, atrás da aparência de independência da mulher, esconde-se sua submissão, dependência e inferioridade, visto que no corpo da mulher encontra-se embutida a obrigação de estar sempre bela e jovem.

A mídia ressalta, constantemente, a necessidade de a mulher apresentar-se magra, com o corpo delineado e definido. As meninas passam horas na frente da televisão e navegando nas páginas da internet. Em ambos os meios de comunicação, os apelos à beleza corporal são constantes. No caso da mulher, esse padrão de beleza é uma obrigação.

Para ampliar a discussão, o chavão popular só é feio quem quer, aliado aos versos de Vinicius de Moraes "As feias que me desculpem, mas beleza é fundamental" (MORAES, p. 21, 1959), reforçam as cirurgias plásticas que são realizadas indiferentes aos riscos e necessidades reais: na maioria das vezes não se corrige um defeito físico, mas, sim, molda-se o corpo de acordo com um modelo de mulher predominante na época.

Zygmunt Bauman (2007) discute de maneira clara como, não só as meninas, rendem-se ao apelo do consumismo selvagem para estar sempre bela e na "moda" nas redes sociais, mas os meninos passam por uma mudança de comportamento que os leva a cuidar mais da aparência, frequentar salões de beleza, e os homens competem com um espaço nas clínicas de estética e de cirurgia plástica, rivalizando com as mulheres.

As meninas, porém, buscam uma melhoria estética para competir com outras meninas, findando por criar um personagem que não condiz com sua vida. Como essas, as futuras mulheres, são vistas como mercadoria para o casamento, veem nas redes sociais uma vitrine de como expor seus dotes físicos. Além de promover-se enquanto mercadorias, o autor chama a atenção para o fato de que as meninas promovem mercadorias por meio de suas imagens colocadas em redes sociais, sem perceber, auxiliam na perpetuação do consumismo desenfreado para se manter sempre belas e bem vistas pelos internautas que as seguem e curtem suas postagens.

## 2.2 A Fabricação do Inconsciente da Menina

Ao nascermos somos imersos em um mundo disciplinar, onde seremos cuidados e alimentados, além de começar o processo de enquadramento do pequeno ser no mundo civilizado. Os momentos das mamadas são cronometrados, o tipo de chá do bebê é selecionado, bem como o tipo de fralda, a higiene, aparência física, enfim, aprendemos a seguir padrões incutidos na sociedade:

> Em **O mal-estar da civilização**, Freud afirma que a civilização burguesa é obcecada pela limpeza, pela ordem e beleza. E, segundo ele, estas são as características de uma fase específica da sexualidade infantil, a fase anal, em que, na sua opinião, ficou fixada a nossa civilização ocidental, tão centrada na manipulação do controle e do dinheiro. (MURARO; BOFF, 2002, p. 214, grifo do autor).

A contribuição teórica de Freud quanto a essa colocação, nos leva a observar de forma crítica a realidade que nos rodeia. Junto à organização social não podemos deixar de ver comportamentos. E, com o nosso nascimento, nos vemos imersos em um constante aprendizado para controlar, ou ser controlado, manipular ou ser manipulado. E aprendemos valores e modos de condutas fixados, ideologicamente, pela burguesia e apreendidos por todos. Esses valores constituem o superego freudiano (CUNHA, 2002) e auxiliam na construção da identidade de gênero.

As meninas aprendem, desde cedo, que precisam cuidar da aparência, seguir padrões de beleza, e, infelizmente, aprendem que precisam fazer isto para agradar aos outros e não a si mesma. Faz parte do aprendizado utilizar a aparência para dominar o outro, e esse outro pode ser os pais ou um futuro relacionamento amoroso, aprendem a naturalizar o choro e a birra, comportamentos conhecidos como manipuladores femininos.

Sobre o assunto, Muraro e Boff (2002, p. 220), levam a pensar em como tudo isso está intrinsecamente enraizado ao sistema, às relações culturais e de poder e, portanto, praticamente impossíveis de sofrer mudanças, já que o ambiente em que a criança nasce forja o ser humano a partir do seu inconsciente: "[...] o substrato do inconsciente é dado, mas o imaginário profundo é fabricado. Tal qual macho e fêmea são dados, homens e mulheres são fabricados. Tal qual o organismo é dado, o corpo é produzido pelo sistema".

Assim a menina aprende a obedecer, a ser passiva, tolerante, a amar o homem que a maltrata, enfim, internaliza o que ocorre na sociedade com a mulher sem entender que tudo isto não é fatalismo, não é natural, e que ela pode fazer resistência à manipulação das instituições como a família, a igreja e o sistema econômico que insistem em conservar o mundo machista, opressor, competitivo e manipulador das classes menos favorecidas.

Bourdieu (1998. p. 20) apresenta a temática de forma clara: "[...] a dominância masculina é suficientemente afirmada que dispensa justificação: ela pode se contentar de ser e de se dizer nas práticas e nos discursos que enunciam o ser sobre o modo da evidência, concorrendo assim a fazê-lo ser conforme o dizer".

Sobre a temática, nos chama a atenção que a dominância masculina está tão entranhada em nossas práticas, nossos discursos, no imaginário popular que as mulheres findam por tornarem-se agentes reprodutores de tudo isto. E o fazem na educação dos filhos, em casa, e na afirmação desses estereótipos na escola.

Sendo assim, a dominação masculina é simbólica e perpetuada historicamente pela própria vítima, as meninas a incorporam, tornam-se mulheres, mães e agentes de sua própria dominação, auxiliando-o a perpetuá-la por meio da educação de seus filhos.

Quando discutimos sobre o que é ser homem, ou ser mulher, a maioria das pessoas pensa na questão biológica, ou seja, ser homem ou mulher numa demonstração de desconhecimento sobre masculinidade e feminilidade. Inserida nesse conhecimento, encontram-se submersas as ideias das qualidades e defeitos inerentes aos mesmos.

O que se esquece é que essas características são definidas no inconsciente humano por meio da "fricção sociocultural" pela qual passamos no decorrer de nossas vidas (MELO, 2004). Sendo assim, um homem tem características masculinas e femininas, o mesmo ocorrendo com a mulher.

## 2.3 A Fabricação da Sexualidade na Menina

O estudo sobre a sexualidade infantil passou por uma mudança de paradigmas com a concepção de Freud sobre o tema. E, apesar da teoria freudiana mostrar-se machista na medida em que norteia o desenvolvimento da personalidade da mulher a partir do desenvolvimento da libido no menino, é importante dedicar uma parte desta pesquisa ao estudo desse assunto por acreditar que a importância da discussão sobre a psicanálise do desenvolvimento humano recai na ideia que Freud tinha sobre sexualidade: o desenvolvimento da personalidade está, intrinsecamente, ligada ao desenvolvimento da sexualidade.

A psicanálise consiste no procedimento investigativo de processos mentais quase inacessíveis por qualquer outro modo de realização e tem como objetivo liberar materiais inconscientes, de modo que se possa lidar com eles, conscientemente, bem como revelar os complexos reprimidos por causa do desprazer e que produzem sinais de resistência ante as tentativas de levá-los à consciência.

A psicanálise encontra-se dividida em três áreas: a primeira é um tipo de terapia cujo objetivo consiste em diminuir o sofrimento e baseia-se em diversas teorias sobre o inconsciente e sua interpretação; a segunda consiste em uma teoria geral sobre o desenvolvimento e funcionamento da personalidade humana; a terceira compreende um conjunto de teorias sobre o funcionamento do homem e da sociedade, baseado na importância dos dois primeiros itens para se compreender a civilização. (CUNHA, 2002)

Em seus estudos Freud mostra que a personalidade humana é formada por três instâncias, as quais denominou de *id*, *ego* e *superego*. O *id* contém os impulsos inatos, as inclinações mais elementares do indivíduo. Como o *id* composto por energias que são determinadas biologicamente suas necessidades não reconhecem qualquer norma social ou moral, buscando a satisfação do organismo. O *ego* e o *superego* são desenvolvidos durante o decorrer da vida de cada indivíduo.

Na trajetória descrita acima, o *ego* compreende a parte visível de cada pessoa, que convive segundo as regras socialmente impostas, sofrendo as pressões do meio ao executar as ações em busca do equilíbrio no convívio com outras pessoas. No *superego* concentram-se as regras da sociedade e da cultura representadas, inicialmente, pela família e internalizadas pelo indivíduo, sendo assim, ele é um depositário de normas e princípios morais do grupo social a que um indivíduo se vincula.

Existe uma dinâmica entre as três instâncias: o *superego* age como protetor do *ego*, pois, sem ele, as necessidades biológicas, denominadas por Freud de pulsões, tornariam insuportável a vida do indivíduo em sociedade. As pulsões reprimidas não são conscientes, ou seja, não inclui tudo o que estamos cientes, em um dado momento, e formam uma região denominada inconsciente, que se concentram elementos instintivos, e não são acessíveis à consciência. Localizam-se nessa instância as fontes de energia psíquica e os instintos:

> Está no consciente tudo aquilo que o ego sabe que não existe, tudo aquilo que foi reprimido com base nas concepções morais internalizadas pelo indivíduo. [...] segundo a Psicanálise, somos seres possuidores de um universo de desejos e necessidades que não conhecemos. Tudo o que pensamos e queremos é apenas uma parte do que somos. Grande parte de nós encontra-se oculta em nosso inconsciente, reprimida por nosso superego. (CUNHA, 2002, p. 15).

Dessa forma, os ensinamentos psicanalíticos chamam a atenção para o vasto e complexo mundo subjetivo existente em cada um dos alunos, que cada um sofre, constantemente, a pressão de seus respectivos desejos. É importante ressaltar que as energias de natureza sexual também são reprimidas pelo *superego*, entre elas está a libido, que é uma energia de natureza sexual componente do *id* e que impulsiona o indivíduo em busca de satisfação.

As escolhas humanas conscientes são profundamente influenciadas pelas energias inconscientes reprimidas. Os conteúdos reprimidos não ficam definitivamente soterrados; as pulsões continuam a pressionar o *superego* para chegar ao espaço consciente, originando os sonhos, os atos falhos, a sublimação e as neuroses. O sonho consiste no resultado da luta entre o *id* e o *superego*. Nos atos falhos, o desejo reprimido obtém satisfação por uma fresta nas defesas do *superego*. A sublimação expressa o resultado das tensões entre o *id* e o *superego*. Energias reprimidas transformam-se e são canalizadas para um único objetivo, possibilitando ao *ego* exercer uma atividade socialmente aceita.

O sintoma neurótico (neurose) consiste no resultado visível de desejos que, reprimidos pelo superego, tornam-se inconscientes e procuram uma válvula de escape para ascenderem ao plano consciente. Para minimizar o sofrimento causado pelas neuroses Freud criou a psicoterapia.

O desenvolvimento da libido fundamenta a teoria de desenvolvimento elaborada por Freud: no ato do nascimento a libido concentra-se na região bucal, caracterizando a fase de desenvolvimento oral, vivenciada na relação que a criança estabelece por meio da boca com o mundo que a cerca.

Para deixar as fraldas, as crianças passam por um treinamento feito pelos pais, ou babás até mesmo professoras de jardins de infância e creches, para que aprenda a defecar em lugar e horários adequados, e, durante esse treinamento, a libido desloca-se da boca para o ânus, originando a fase de desenvolvimento anal. Nesta fase, as vivências associam-se a noções de disciplina.

Sobre a temática Cunha (2002, p. 27-28) chama a atenção para alguns aspectos importantes da teoria do desenvolvimento freudiana:

> Cada pessoa é única e as suas vivências também são únicas, o que impede uma demarcação cronológica genérica aplicável ao desenvolvimento de todas as pessoas. [...]. O que determina uma fase é a fixação da libido numa certa região do corpo, o que não quer dizer que a libido não possa estar em dois locais ao mesmo tempo – na boca e no ânus, por exemplo. [...]. Não é o mundo tal qual ele é, objetivamente falando, que interfere em nossa personalidade, mas sim o mundo que subjetivamente apreendemos.

O que o autor discute incide no dado de uma mãe, ou um pai, extremamente carinhosa e cuidadosa pode ser experienciado pala criança de maneira oposta. Isto pode ser analisado, por exemplo, na fase fálica ou masturbatória:

> [...] ocorre por volta dos 4 anos de idade, o que não pode ser tomado categoricamente – a criança sente-se particularmente atraída pelo órgão sexual masculino. No caso do menino, este percebe sua presença, manipula-o e obtém satisfação libidinal por seu intermédio. Já a menina, ressente-se por não possuir algo que os meninos possuem. (CUNHA, 2002, p. 29).

Por mais carinhoso que o pai seja ele é visto, no universo de fantasias do menino, como um obstáculo entre a forte ligação afetiva que possui com a mãe, e a menina, percebendo a ausência de um pênis em seu corpo, culpa a mãe por isso e desenvolve um sentimento de ódio por ela. Este sentimento vai ser ocultado quando os dois se identificarem com os pais: o menino com o pai e a menina com a mãe, ficando oculto no inconsciente e, segundo Cunha (2002, p. 33),

> Os conteúdos do inconsciente não ficam lá sepultados docilmente. Eles exercem poderosa pressão para manifestar-se à luz do *ego*, para chegar ao plano consciente. Entretanto, não é isto o que ocorre nos anos que imediatamente se seguem. Os conflitos vão eclodir mais tarde, no início da puberdade.

Quando os educandos chegam à escola de Fundamental I, por volta dos seis anos de idade, estão saindo da fase fálica e entrando nas fases de latência da libido e genital. Sendo assim, ao entrar em contato com a escola a criança está em uma fase da vida em que não há localização física da libido, pois ela se encontra energizando atividades que vinculam o corpo e a mente ao ambiente que a cerca. Cunha (2002, p. 34) chama a atenção para o fato de que:

> A Psicanálise considera que o mecanismo de sublimação – deslocamento de libido para fins socialmente aceitáveis – atua fortemente nessa fase. [...] grande quantidade dessa energia foi reprimida ao término da fase masturbatória, está contida no inconsciente e busca manifestar-se ao nível do ego. A libido é então canalizada na direção de uma ou mais esferas de atuação do indivíduo.

Dessa forma, vale ressaltar que os educadores lidam com energias sexuais reprimidas e tem como aliados do trabalho pedagógico a identificação, ou seja, o mecanismo que a criança desenvolveu como forma de superação do conflito edipiano.

No início da puberdade tudo muda, pois, devido às transformações biológicas que passam a ocorrer no corpo da criança, a libido tem sua força intensificada na direção do corpo, particularmente para as zonas genitais, fazendo com que os desejos infantis reprimidos no final da fase fálica retornem, dando início à fase genital de desenvolvimento da libido e geradora do fenômeno conhecido como crise da adolescência. No cerne dessa discussão, Boff e Muraro (2002, p. 145-160) enfatizam:

> [...] a teoria da castração é chave para a compreensão de toda a psicologia adulta do homem [...], e que na primeira fase – a oral –, a sexualidade de meninos e meninas seria indiferenciada, com o mesmo projeto narcísico de fusão com o mundo e de incorporação do objeto amado. Seria apenas na segunda fase – a anal – que as diferenças se acentuariam.

Segundo os autores, a menina sente o medo da castração antes do menino, quando ela se volta para o pai querendo ser como ele e afasta-se da mãe, negando sua feminilidade e esse medo só tem fim com o início da menstruação, quando se vê igual a ela, e que a visão da teoria freudiana é de que existe

> [...] uma preferência generalizada pela masculinidade. Meninos e meninas, ao perceberem a castração da mãe, voltam-se

> para o sexo oposto ao dela, daí a preferência pela masculinidade, entendendo como o seu oposto não a feminilidade, mas a castração. (BOFF; MURARO, 2002, p. 161).

Assim, na teoria freudiana, o comportamento da menina associa-se à passividade, inferioridade e castração, mostrando que o autor não desenvolveu seus estudos observando as questões socioculturais que envolvem e perpassam as fases do desenvolvimento humano e, consequentemente, sua sexualidade.

Boff e Muraro (2002) observam que, se a menina já é castrada não pode ter medo da castração, logo, permanece fisicamente ligada à mãe, e esta continua a ser, para a filha, a primeira fonte de prazer, apesar de detestá-la, ocasionando, segundo os autores, um sentimento ambivalente. Nessa trajetória, a menina deseja o pênis do pai como objeto de desejo e não para fazer parte do seu corpo:

> Ao contrário de perder o amor do pai e da mãe, como o menino, e ficar sem nada, a menina passa a ganhar e, agora, em vez de um, tem dois amores. Ao passo que o menino fica só, ela fica duplamente acompanhada. Ela passa a aceitar a sua castração não mais como castração, filha do instinto de morte, mas como a possibilidade de ter um filho. (BOFF; MURARO, 2002, p. 163).

Quando a menina cresce e realiza o desejo de ter um filho a sua sexualidade, ao invés de ficar concentrada na área genital, como no menino, se dispersa pelo corpo e invade sua *psique*. Desta forma, a mulher não separa mente de corpo. Daí advém as discussões em torno do sentimento altruístico da mulher, o doar-se, o partilhar. Trata-se de um comportamento biológico-comportamental mas que o imaginário social se aproveita e conduz para o campo da construção da subserviência, sujeição, subalternidade, inferioridade.

## 2.4. A Contribuição Religiosa na Construção da Menina: Medo e Fé, Vigiar e Punir na Cultura Ocidental

O início estrutural da coletividade no Brasil desde a fase colonial, baseava-se no domínio hierarquizado, que tinha Deus como princípio, que, por sua vez, dava plenos poderes à Igreja, quase que no mesmo poder atribuído ao rei. A religião ocidental criou, ao longo dos tempos, uma perspectiva de papéis com relação ao como ser mulher que já implica, a priori, um comportamento relacionado ao mal, a diferença e ao satânico.

De modo geral, as religiões colocam a mulher na circunstância e categoria de subordinação. São textos utilizados nas religiões e considerados dogmas que permitem mostrar que a religião deixa um alerta para os homens de que as mulheres são demoníacas.

Para ampliarmos a discussão poderíamos debater sobre a discutível existência do Evangelho de Maria Madalena. Será que ele existiu e sua voz foi silenciada propositalmente? Se este texto foi algum dia escrito como sugerem os evangelhos gnósticos, os motivos para que não fosse divulgado recairia na existência de padrões rígidos que viam a mulher como um ser inferior ao homem.

As religiões têm como finalidade garantir os padrões morais exercidos pela cultura das sociedades e essa era a visão que se tinha da mulher à época. A mulher, por sua vez, havia assimilado que, se aceitasse a fé cristã iria para o céu; caso abjurasse, iria para o inferno. Teologicamente, aceitar a fé consiste em aceitar o que a igreja pensa e seguir seus preceitos.

Qualquer religião exerce, na população, uma forte influência no comportamento. Desta maneira, a sociedade ocidental tem sua cultura influenciada pela Igreja Católica, que chegou ao Brasil com os portugueses, em suas caravelas, conforme a Carta de Caminha amplamente divulgada nos livros didáticos.

A escola é fortemente influenciada pelos preceitos religiosos. Assim, a religião, suas crenças e conceitos estão presentes nas escolas por meio da suas representações principais (educadores, educando, gestores, pais e funcionários em geral), influenciando e norteando a prática pedagógica.

A hierarquia nas famílias e nas escolas brasileiras foi herdada da cultura europeia, junto ao hábito dos castigos e das ameaças utilizados como instrumentos de educação. Estes são considerados prejudiciais, porque introduzem essa forma de agir no indivíduo, porque a criança cresce com a ideia de que o mundo é uma ameaça e ela deve ser submissa a tudo.

E as ameaças e castigos físicos fizeram parte do longo caminho da construção cultural da inferioridade feminina com a consequente desvalorização e estigmatização, sobretudo, do corpo da mulher: O corpo humano entra numa maquinaria de poder que o esquadrinha, o desarticula e o recompõe (FOUCAULT, 2004, p. 119). O filósofo ainda considera que o sucesso do poder disciplinar se deve sem dúvida ao uso de instrumentos simples: o olhar hierárquico, a sanção normalizadora e sua combinação num procedimento que lhe é específico, o exame (FOUCAULT, 2004, p. 143).

Assim, mães e educadoras, cúmplices na tentativa de domesticar o corpo feminino, acreditam que estão imbuídas de saudáveis intenções pedagógicas em relação às meninas. Nesse vigiar e punir findam por construir "corpos dóceis", úteis e submissos. Na tentativa, consciente, ou não, de desconhecer a corporeidade de suas educandas, ou por não saberem lidar com a situação a escola, compreendida no contexto da comunidade que a compõe, vive um currículo oculto que nega quase sempre, esses corpos-sexuados contribuindo, imensamente, para sua domesticação, na qual a "escola torna-se uma espécie de aparelho de exame ininterrupto que acompanha em todo o seu comprimento a operação do ensino", indo mais além, escreve que versar-se "cada vez menos daquelas justas em que os alunos defrontavam forças cada vez mais de uma comparação perpétua de cada um com todos, que permite ao mesmo tempo medir e sancionar" (FOUCAULT 2004, p. 155).

Logo, um dos objetivos da escola é fazer com que as educandas não fujam à regra geral do comportamento esperado pela sociedade, mesmo que seja necessário punir os comportamentos indesejáveis.

Historicamente, o olhar disciplinador do educador, no espaço escolar, mantém meninos e meninas separados, cuidam das suas vestes porque as meninas não podem entrar na escola com saias para não atrair a atenção de olhares masculinos. Este olhar observa quem conversa e em torno do que gira essa conversa, e, principalmente, pune com o brilho do olhar calculadamente reprovador.

Assim, a sansão normalizadora perpassa por processos sutis com privações emergentes, como trocar a menina de lugar para não conversar, o que pode lhe conferir pequenas humilhações como chamar sua atenção na frente de toda a classe, duvidar de sua integridade moral, privar do recreio, ou, ainda, chegar ao extremo de pedir ajuda aos pais para disciplinar o comportamento da aluna que foge à regra geral de como deve ser seu comportamento na escola.

É necessário pontuar a influência dos colégios religiosos que, até 1815, restringia a educação das meninas a "[...] recitar preces de cor e a calcular de memória sem saber ou fazer as operações" (RIBEIRO 2000, p. 90) na tentativa de construir a história da educação das mulheres brasileiras.

Segundo Paiva "O proposto pela pedagogia jesuítica era a prática das virtudes, o amor das virtudes sólidas. [...] Em uma palavra, fuga do pecado". O autor escreve "o pecado nega, na prática, a ordem estabelecida, a única ordem, fora da qual não há salvação". E mais "O pecado se torna, destarte, o princípio negativo orientador da pedagogia, avaliador dos costumes, em contraposição a qualquer princípio normativo positivo" (PAIVA 2003, p. 5).

Qualquer religião exerce, na população que pratica a sua fé, uma forte influência no comportamento. A religião trazida pelos europeus incutia nos fiéis a disciplina religiosa e o medo do pecar, do ir para o inferno. E esse pensamento foi perpetuado nos estabelecimentos educacionais mantidos pelos religiosos.

O medo foi muito utilizado como instrumento de educação, seja por meio de castigos físicos ou por meio de ameaças com cunho religioso. O medo é uma sensação importante que auxilia as pessoas na preservação da vida.

Mas, segundo Oliveira (2004, p. 170),

> [...] como o medo surge em situações em que o indivíduo está relativamente dominado, a ideia do medo supõe incompetência. Quanto maior for esta, maiores as probabilidades e a severidade do medo. [...] tal como ocorre com a cólera, a expressão manifesta de medo se torna menor com a idade. [...] isso pode obrigar o indivíduo a evitar situações que provoquem medo e, assim, privá-lo de oportunidades para aprender a lidar com o problema.

O medo não deve ser visto como um sentimento que engessa, paralisa, mas que nos faz ponderar sobre o que vemos ou vivenciamos antes de realizarmos uma ação que irá influenciar sobre o quê. Sobre o medo o autor ainda afirma:

> A sensação de medo induz a uma certa prudência e cuidado, que impede comportamento inadequado, e pode conduzir a comportamento positivo, exigindo, por exemplo, um certo grau de preparação. [...] o medo é inimigo da saúde mental e física. Destrói a coragem e a autoconfiança, e corrói o moral. Enfraquece e suprime a ação intencional, deforma a perspectiva e inibe o pensamento claro. Diminui a possibilidade de êxito e é, frequentemente, a causa da mediocridade e do fracasso. (OLIVEIRA, 2004, p. 172).

Dessa forma, o uso do medo na educação das meninas contribuiu, sobremaneira, na construção da submissão feminina, e isto começou com o conhecimento cristão incutido nos saberes populares e nas escolas.

Ao discutir religião é necessário enfatizar o Cristianismo, que foi o pensamento religioso que, praticamente, determinou a moral da humanidade. Por trás dos mitos religiosos esconde-se não só características de comportamento, mas também arquétipos estabelecidos. Estes são criados pela própria cultura, seguindo padrões de evolução do pensamento humano.

O estereótipo que foi divulgado, historicamente, seja na educação, em casa e igrejas quanto aos colégios internos da época, é que a mãe de Jesus, por ser virginal e assexuada, era destituída de pecados.

Assim, as meninas educadas sob a moral cristã encaravam sua sexualidade de forma distorcida. O modelo de sexualidade que era oferecido não correspondia à realidade de sentimento das meninas. Então, é necessária a utilização de mecanismos de defesa em ação para que fiquem imunes aos "pecados da carne".

Afinal, o modelo cristão de mulher era o da Virgem Maria a mulher que segundo a Bíblia, engravidou sem a ação do homem, sem prazer sexual. Logo, este tipo de prazer era percebido como algo do demônio, um pecado, e as meninas precisavam aprender a não senti-lo — as meninas crescem reprimindo sua libido, compensando desejos "pecaminosos" com atividades pueris e sublimando qualquer possibilidade de prazer.

A sexualidade da mulher, historicamente castrada, precisa da desculpa do amor para sentir prazer com o outro. Não basta, portanto, para a mulher, o simples desejo. O prazer da mulher está intimamente relacionado ao amor. Por meio do mito de Maria, o prazer da mulher está sempre relacionado a adjetivos pejorativos, enquanto que, com o homem, dá-se o contrário. Para os homens o sinal de dignidade masculina é a potência de sua virilidade, que é valorizada e reforçada pela própria sexualidade feminina.

O mito em torno de Maria assume uma conotação extremamente anti-vida, não só pelo aspecto da realidade biológica, como também, pelo aspecto de modelo imposto às mulheres. A maioria dos modelos masculinos é povoada de heróis, homens fortes, viris, homens de decisão e à semelhança, na terra, de Deus. Talvez, por isto, o nascimento de homens que se comportam como Deus não seja tão raro assim, conforme o imaginário social recorrente.

Da mesma forma, a mulher que busca o prazer sem o compromisso do casamento ou com um parceiro regular, não entra em conflito com o psicológico e o julgamento do outro: o medo de se tornar prostituta, vagabunda, vadia, etc. não existe, a princípio.

A imagem construída da personalidade feminina é distorcida, criando-se uma expectativa sobre o papel da mulher, que pode não ser o da sua natureza biológica, e que a cultura do medo é, sobretudo, uma grande inimiga da inclusão social. Trata-se de uma forma de excluir e tentar mudar, à força, aqueles que não seguem os padrões e estereótipos impostos, os quais acabam formando grupos no ambiente escolar.

Neste conjunto, todos os alunos estão presentes no espaço escolar, mas não em todos os grupos e atividades. Sendo assim, meninas envolvem-se com outras meninas e meninos com outros meninos; e, dentro destes grupos existem outras divisões norteadas por etnias e crenças religiosas, ou até, dos moradores de determinados bairros.

# CAPÍTULO 3º

## CORPO VERSUS MENTE: A ESCOLA EM AÇÃO

*Da natureza bruta à humanidade liberada África*
*Que venha a mim esta mulher negra*
*Com sua história*
*Quando a fala silabada*
*Indicava, tímida a intuição*
*Do vir a ser:*
*Meio bicho, meio homem, quase mulher...*
*Que venha soberana, esta mulher*
*Mãe original,*
*A dizer com seus fósseis*
*O que a história não pode com palavras*
*E me falar de sua arte,*
*Sua pele queimada, seu cabelo crespo,*
*Seu corpo sem pelos e suas entranhas suadas;*
*Uma relação perfeita nascia ali, argilada.*
*Ainda bicho, meio homem, quase mulher...*
*Que venha essa mulher*
*Traçar a pedra, polir a mata:*
*Ainda bicho, meio homem, quase mulher...*
*Que venha esta mulher*
*Balbuciando cânticos de ninar*
*E no arquejar dos sons, a emoção de ouvir o outro*
*E se perceber no calor, no olhar, no toque sedutor:*
*Ainda bicho, meio homem, quase mulher...*
*Que venha esta mulher*
*A se erguer, a modelar o corpo,*
*A se locomover em busca de horizontes*
*E a dominar a natureza, numa paixão intempestiva*
*Sendo mãe e filha*
*Ainda bicho, meio homem, quase mulher...*
*Que venha sempre esta negra mulher*
*Cultivar a terra, plantar o grão,*
*Fertilizar o solo, engravidar;*
*E nascer junto, e juntos salgar a terra*
*E viver em comunhão*
*Ainda bicho, meio homem, quase mulher...*

> *Que venha nesse movimento histórico*
> *A pintar o rosto com sementes e lodo*
> *E encharcar os seios*
> *E amamentar outros filhos*
> *E neste parto, sem receio,*
> *Se sentir menos bicho, quase homem, uma mulher...*
> *(Lázaro Zachariadhes)*

Para um melhor acompanhamento e análise da temática se faz imprescindível debater acerca da dicotomia existente na escola onde por meio de castigos e punições, dissocia-se o corpo da mente, utilizando como motivação uma melhor aprendizagem e educação do corpo.

A realidade escolar se mostra como um espaço onde as meninas aprendem a se expressar no mundo masculino por meio da linguagem oral e escrita, permeada pela discriminação léxica, e pela ausência do feminino nos conteúdos, principalmente de História, onde os homens são enaltecidos e as mulheres são "esquecidas" pelos historiadores. Fatos históricos narrados nos livros didáticos chamam a atenção pela omissão da figura feminina enquanto partícipe da história da humanidade e fatos que a envolve não são contados.

Penso que necessitamos discutir também a contribuição do currículo na construção da identidade da menina, evidenciando o currículo oculto como importante auxílio, além da discriminação de gênero existente no livro didático, seja por meio de textos escritos ou de manipulação do conhecimento construído pela humanidade e reproduzido nesses ainda é uma realidade na escola, bem como a utilização das iconografias como elemento de auxílio à manutenção das ideologias de gênero.

## 3.1 Corpos Versus Mente: Uma Dicotomia Vigente na Escola

É frequente ouvirmos discussões sobre formação no domínio das competências relacionadas com o autoconhecimento pela abordagem direta do corpo. Se pensarmos em um professor, este é, antes de tudo, o seu corpo. Este é o instrumento principal de trabalho do docente.

O educando é também um corpo comunicativo e expressivo, que, na escola, é posto de lado em decorrência da dicotomização entre corpo e mente. Percebemos, em qualquer espaço de instrução, seja no Ensino Fundamental, Médio ou Universitário, a supremacia da mente sobre o corpo.

Ao fazermos uma retrospectiva histórica sobre a concepção de corpo podemos perceber que a cultura cristã ocidental deu início à supremacia da mente/alma sobre o corpo. Pensemos que nos primórdios da humanidade, ainda como homo sapiens e durante o pensamento mítico, não nos diferenciávamos da natureza. Com a Idade Clássica, se passa a glorificar o corpo, elevando-o à categoria de arte, e copiamos de Platão a ideia do corpo que simboliza o mal: "corpo veículo e prisão do mal" (POLAK 2004 *apud* MELO, 2004, p. 43).

Para Platão a alma estava aprisionada no corpo físico e almejava sua liberdade. Apenas depois da morte física a alma poderia retornar ao mundo ideal, de onde veio e para onde deve voltar. É por meio da visão de Platão sobre o corpo que ocorre a ruptura entre o mundo sensível e o inteligível.

Herdamos do início do cristianismo a noção do corpo como algo a ser disciplinado, moldado, regulado, portador da marca do pecado. O corpo da mulher está condenado ao parto, momento de dor e sofrimento, e o corpo do homem, o provedor, ao difícil e sofrido trabalho de prover a família. Ideologicamente falando é necessário salvar a alma e a mortificação do corpo físico é o caminho (POLAK. 2004).

A autora chama a atenção para o fato de que na Bíblia se exalta, no Cântico dos Cânticos, de Salomão, apenas o corpo da mulher como um atrativo para os olhos do homem apaixonado. Enquanto que, em outros livros, a exemplo das Cartas de Paulo, exacerba a dicotomia entre corpo e alma.

Mas é a visão de Platão sobre o corpo que chega até a Idade Média, onde, segundo Polak (2004. p. 46): "O corpo era visto como algo desprezível, sujo, fonte de pecado, devendo por isso ser disciplinado, supliciado, regulado, pois tudo que era material era provisório, mundano".

E, desta forma de pensar surgiu a Santa Inquisição, expressão maior dessa visão sobre o corpo. Foucault (2004) reforça a discussão, mostrando como a força do soberano recaía sobre os corpos dos acusados na tentativa de transformar os homens em "corpos dóceis", tendo no suplício, uma função jurídico-política. Assim, o corpo é transformado em alvo e objeto de poder, podendo ser manipulado, modelado, treinado e, finalmente, tornado obediente.

Apenas nos séculos XVI e XVII, com a filosofia de Descartes, tem início a valorização do homem como ser da razão, tornando-se o pensamento cartesiano a marca do homem ocidental. Sendo assim, então, o pensamento cartesiano deu início a uma nova dicotomia constituída pela dicotomia corpo versus mente.

Resta o reconhecimento de que a pós-modernidade educativa contempla o componente da corporeidade nos seus princípios orientadores, uma vez que, legislativamente, preconiza a educação integral e o pleno desenvolvimento da personalidade. A Constituição Federal define, em seu Art. 205 que a educação é "direito de todos e dever do Estado e da família" e que deverá ter a colaboração de toda a sociedade "visando ao pleno desenvolvimento da pessoa, seu preparo para o exercício da cidadania e sua qualificação para o trabalho" (BRASIL, 1988).

A Constituição Federal Brasileira afirma que a educação visa o pleno desenvolvimento da pessoa, ou seja, seu preparo para a cidadania e trabalho. O que nos mostra que cada pessoa, independente do gênero, deve ter, com o auxílio da educação, condições de fazer suas próprias escolhas, questionar e/ou questionar-se sobre os porquês e viver sua inteireza. Nesta forma de pensar corpo e mente não devem ser dissociados, pois somos a sua soma.

Porém, o que é possível observar nas escolas é a exigência à falta de movimento, pois o aluno inquieto é confundido com o aluno indisciplinado e, no caso de uma aluna isso se torna mais sério, pois a menina deve ser dócil e quieta por "natureza".

A escola tem seu funcionamento marcado pelo que Foucault (2004) chama de micropenalidade do tempo, controlando seja os atrasos, as ausências e as interrupções das tarefas realizadas pelos estudantes, se as atividades foram realizadas, à maneira de ser, de falar, como está o corpo do estudante, da limpeza/sujeira, aos gestos e atitudes considerados "incorretos" à sexualidade.

Tudo que se afasta à regra ditada pela escola, a exigência de como o corpo dos educandos deve se esquadrinhar e posicionar-se no local, é considerado como indisciplina. E os educadores, aparentemente e quáse sempre, veem o espaço escolar como um local de adestramento de corpos, e, para alcançar esse objetivo a escola analisa, diferencia, separa e castiga, com a certeza, como afirma Foucault (2004, p. 143): "A disciplina 'fabrica' indivíduos; ela é a técnica específica de um poder que toma os indivíduos ao mesmo tempo como objetos e como instrumentos de seu exercício".

E nesse disciplinar o educador utiliza instrumentos simples na visão de Foucault (2004, p. 143): "[...] o olhar hierárquico, a sansão normalizadora e sua combinação num procedimento que lhe é específico, o exame". O exercício da disciplina por meio do olhar hierárquico, afirma Foucault (2004, p. 143), "[...] supõe um dispositivo que obrigue pelo jogo do olhar; um aparelho onde as técnicas de coerção tornem claramente visíveis aqueles sobre quem se aplicam".

E, amplia o filósofo, chamando a atenção que o educador utiliza de processos sutis a título de punição que "vão do castigo físico leve a privações ligeiras e a pequenas humilhações". O processo de ensino-aprendizagem está entranhado de vícios que prendem o estudante em uma "universalidade punível-punidora", ou seja, as menores condutas do estudante se tornam penalizáveis: "uma função punitiva aos elementos aparentemente indiferentes do aparelho disciplinar: levando ao extremo, que tudo possa servir para punir a mínima coisa" (FOUCAULT, 2004, p. 159).

O autor mostra que no ambiente escolar educadores disciplinam alunos todo o tempo. A variação dos castigos é grande e existe uma razão para os utilizar. Os castigos disciplinares tem uma função essencialmente corretiva com a finalidade de reduzir os desvios. Ou seja,

> [...] a arte de punir, no regime do poder disciplinar, não visa nem a expiação, nem mesmo exatamente a repressão. Põe em funcionamento cinco operações bem distintas: relacionar os atos, os desempenhos, os comportamentos singulares a um conjunto, que é ao mesmo tempo campo de comparação, espaço de diferenciação e princípio de uma regra a seguir. Diferenciar os indivíduos em relação uns aos outros e em função dessa regra de conjunto que se deve fazer funcionar como base mínima, como média a respeitar ou como o ótimo de que se deve chegar perto. (FOUCAULT, 2004, p. 152).

Sendo assim o autor deixa óbvio que a escola por meio dos inúmeros castigos e punições almeja fazer com que estudantes obedeçam regras preexistentes e se adéquem a um modelo de comportamento.

Ainda segundo Foucault (2004), o exame consiste na combinação das técnicas de hierarquia que vigia e as de sanção que normaliza, a vigilância constante, seja para qualificar, classificar ou punir. Sob uma vigilância constante, meninas e meninos são diferenciados e sancionados. "É por isso que, em todos os dispositivos de disciplina, o exame é altamente ritualizado". Acontece, na escola, o exercício e a demonstração de poder e força e as pessoas que nela trabalham tornam o espaço um "estabelecimento da verdade" (FOUCAULT, 2004, p. 164-165).

Assim compreendido, a escola finda por transformar-se em um aparelho de exame ininterrupto, mensuradora de comportamentos que têm como finalidade moldar ou punir os que não conseguem se diferenciar. Neste último grupo estão as meninas que desenvolvem características consideradas como masculinas, a exemplo da fala fácil e a agressividade.

O objetivo dessa discussão não é afirmar que a "culpa" de diferenciação entre mulheres e homens na sociedade é do educador, já que o mesmo é resultado de uma historicidade cultural que concebe o professor como alguém que não deve se utilizar do corpo como instrumento que o auxilie no processo de aprendizagem.

O que se observa nas escolas é que o bom educador utiliza a quase imobilidade em sala de aula quando explica um conteúdo, devendo ter um rígido controle sobre os movimentos das mãos e pequenos movimentos de balançar o corpo, enquanto fala, para não desviar o olhar e a concentração do educando do conteúdo que está sendo trabalhado.

Mesmo o "aprender brincando," que surgiu da interpretação das teorias de Piaget e Maria Montessori, perpassa pelo brincar na cadeira e as comentadas aulas-passeio, preconizadas por Freinet, são muito pouco utilizadas, talvez pelo medo que os educadores tenham de não ter poder total sobre o corpo de seus educandos. (MELO, 2004)

O corpo deve mostrar o nível de moralidade em que se encontra o educando por meio de suas vestes e comportamentos e é constantemente associado aos padrões de beleza criados pela sociedade, ou seja, à imagem do sujeito perfeito.

O corpo, em muitos casos, representa a identidade do ser humano. Por isso, o trabalho corporal é de vital importância na formação inicial e continuada. O "corpo vivo", aquele que sente, que recebe informações, que manifesta opiniões, temores, alegrias, possibilidades, criação, renovação deve assumir seu lugar no ambiente da sala de aula desde a Educação Infantil até o Ensino Superior.

Isto não quer dizer que os educadores devam assumir os papéis de atores, palhaços, dançarinos ou cantores, porém os educadores devem encarar-se como um ser de alto potencial imaginativo e criador, cabendo-lhe crescer como profissional junto aos seus alunos em um trabalho onde todo o seu ser se envolva.

É necessário lembrar que os educadores são resultado de uma metodologia escolar que coibi o movimento, e, nessa ausência de movimento aprendem a servir, e, por meio da submissão, conseguirem algum poder. Se cobra das estudantes organização do seu material escolar e pontualidade na entrega dos deveres, além do papel de "boa aluna que ajuda os colegas". Coloca-se a menina no espaço do servir, de atender as necessidades de outros estudantes para ganhar o carinho das professoras, angariando algum poder com isso galgando um patamar diferenciado daquele dos meninos (AUAD, 2006).

Dessa forma, as meninas aprendem, com a ajuda da escola, que na sociedade existe uma divisão sexual do trabalho e percebem seu espaço na sociedade: em segundo plano, e se for eficiente, pode exercitar o poder, mas, para tal, necessita aprender que, segundo Auad (2006, p. 35): "[...] as meninas e mulheres são as obedientes, cuidadoras, que trabalham duro e asseguram a ordem, sem jamais subvertê-la".

E, assim, vão esquecendo do que realmente querem, ou necessitam, quais suas reais necessidades e desejos, melhor, viver corporalmente, experimentar-se corporalmente, experimentar e viver um corpo vivo, porque, apesar de todo o ser humano ter um corpo, nem todas as mulheres conseguem utilizá-lo na aprendizagem e na conquista de uma vida prazerosa.

Sobre o educador pode-se levantar várias questões que lhe restringe o exercício de uma atividade mais leve e o impossibilita, com certeza, do contato com outro corpo: o trabalho que envolve o contato com o corpo de outra pessoa traz constrangimento ao ser desenvolvido; o educador enxerga-se como um ser assexuado; a maioria não consegue falar das partes genitais da mulher ou do homem e dão como desculpa que quem deve trabalhar com questões relativas ao sexo são os educadores da área de Ciência.

Ocorre que vivenciamos um momento de invasão e ressignificação do corpo onde várias áreas da Ciência, a exemplo da medicina, engenharia genética, tecnobiomedicina, psicologia, enfermagem, nutrição, direito, biologia, educação física, pedagogia, história, antropologia e sociologia, que seja sobreposta ou imbricada, têm redefinido e interferido nas várias formas pelas quais vemos, falamos e nos relacionamos com o nosso corpo (MEYER; SOARES, 2004).

Existe uma dicotomia onde se discute sobre o corpo, ele é exibido em propagandas de outdoor, revistas, filmes e TV. O corpo enquanto instrumento de prazer do outro, ou como moeda de troca, como exemplo temos atores e atrizes que fazem atividades físicas, cirurgias plásticas e se vestem para dar vida a um personagem, ou para garantir a eterna juventude. Mas o "meu" corpo aquele que me dar prazer, que engravida, esse não deve ser discutido em casa, ou na escola.

Meyer e Soares (2004) continuam a discussão sobre corpo citando Hooks, que afirma que as perspectivas cognitivistas dos processos de ensino-aprendizagem, na área da educação, funcionam de maneira a creditar que a alma, a mente, o pensamento, ou a razão, são focos privilegiados e professores se comportam como se durante as aulas apenas a mente estivesse presente. As autoras alertam que se observarmos de forma mais atenta e interessada nos será perceptível que esta maneira de agir é proposital sendo a escola uma instância naturalizada para educar e produzir corpos submissos.

O mais importante na questão referente à relação corpo e a escola é que as marcas que as experiências escolares deixam em cada indivíduo não conseguem e não têm condições de serem apagadas imediatamente.

## 3.2 As Meninas e a Discriminação Léxica no Espaço Escolar: Aprendendo a Expressar-se no Mundo Masculino por Meio dos Conteúdos Construídos

Para discutir a construção da identidade de gênero é primordial descrever a discriminação no que concerne à linguagem escrita ou falada. Isto acontece, principalmente, no espaço escolar. Uma mulher, lendo este texto, talvez não se lembre mais da sua dificuldade para aprender a falar e escrever corretamente em uma gramática tipicamente masculina, dificuldade ampliada pela impossibilidade de se ver nos conteúdos escolares já que faltam "heroínas" nos livros escolares no mundo dos livros didáticos o mundo é dos "heróis".

No ambiente familiar a menina é diferenciada do menino no que concerne à fala, pois aprendemos, na escola, que existe uma palavra para definir um indivíduo do sexo masculino e outra do sexo feminino, e neste mesmo espaço, aprendemos que a individualidade fica completamente perdida em meio aos colegas masculinos. Ela aprende a renunciar sua identidade sexolinguística, aprendendo a acostumar-se com ambiguidades de expressões, com a provisoriedade do local que ocupa no idioma, aprenderá a ceder esse lugar ao surgimento de qualquer indivíduo do sexo masculino (MORENO, 1999).

A menina chega na escola e necessita aprender a não se ver no texto escrito e não ouvir referência a seu gênero no texto falado. Será necessário aprender a renunciar a si mesma na escrita e na fala. Sendo mais precoce que o menino descobre rapidamente que ao ouvir referências na forma masculina o adulto está a incluindo, e que nunca se referem apenas ao feminino e muito poucas vezes reconhecem o masculino e feminino na linguagem, e se acontece fazem referência primeiro ao masculino.

Ao aprender essa diferenciação léxica e os conteúdos escolares a menina vai descobrindo seu local na sociedade, sempre em segundo plano, pois o mundo é androcêntrico. E esta descoberta não ocorre de forma indolor, pois o abdicar de seu lugar no discurso para assumir um segundo plano não é fácil.

Segundo Piaget (1999) com o aparecimento da linguagem as condutas são profundamente modificadas no aspecto afetivo e no intelectual. O autor explica que, graças a linguagem, a criança tem condições de sob a forma de narrativas reconstruir ações passadas e antecipar as futuras utilizando a representação verbal.

Por meio dessas ações acontece o início da socialização da ação, ou seja, a troca entre indivíduos, que como consequências leva ao desenvolvimento mental juntamente com a interiorização da palavra, fase esta que a criança começa a formar o pensamento propriamente dito, sua linguagem interior e o sistema de signos, além de interiorizar a ação como tal.

Esse desenvolvimento mental na menina acontece de forma mais célere e mais complexa, pois necessita se comportar como pertencente ao sexo feminino, porém ao praticar a linguagem falada e, principalmente, na linguagem escrita deve anular a si mesma e a outras mulheres.

A menina, em seu ambiente familiar, aprende por meio de mimos a fazer bicos e birras, tem a atenção de uma pequena princesa como nas histórias dos contos de fadas para que se torne meiga, doce e sensível, comportamento esperado em uma futura mulher. Porém, no ambiente escolar ela perde seu espaço de princesinha e deve acostumar-se a um papel secundário, e o pior, começa a perceber que este não é um papel transitório, mas, sim, o que a sociedade espera dela em todos os momentos de sua vida.

Vigotsky (2010) faz um alerta de que a criança, mesmo antes de controlar seu próprio comportamento, se utiliza da fala para dominar o ambiente produzindo novas relações. A mudança na forma de a tratar por meio da fala leva a menina à reorganização do próprio comportamento, essas ações, segundo o autor, produz o intelecto constituindo, assim, na base do trabalho produtivo: a menina passa a se utilizar de instrumentos que não são próprios de sua idade, para aprender a viver socialmente na escola. Fato que auxilia na transformação da menina em um ser precoce em relação aos meninos.

## 3.3 A História que os Livros não Contam

As mulheres são apresentadas como coadjuvantes em todos os processos históricos da humanidade. Noblecourt (1994, p. 60) discute uma nova realidade ao apresentar a mulher egípcia como a que aconselha o rei, que toma decisões junto ao companheiro, que, mesmo nos templos, findam por tomar o poder dos sacerdotes, além de algumas se mostrarem intelectualmente firmes, enérgicas e pacíficas quando assumem o trono do rei:

> Essa soberana (Ahotep), viúva do rei Sekenenre Tão II [...] sem dúvida teve que enfrentar instantes muito difíceis com a morte de seu marido [...] e a de seu primeiro filho Kamosé e a regência de seu segundo herdeiro, Ahmósis, então com pouca idade. Ela conseguiu convencer os opositores, depois de ter unificado a maior parte do país. Essa regente, de ação tão determinante [...] foi a primeira mulher a receber uma condecoração militar. (NOBLECOURT 1994, p. 60).

Noblecourt (1994, p. 129) cita cinco mulheres que substituíram faraós: "Nitócris, Néferu, Sobek, Hatshepsut ou Tausert, as únicas soberanas na verdade conhecidas que, ao longo de três milênios e quase sempre em momentos de agitação, substituíram faraós muito jovens ou vacilantes". Além disso, a própria imagem do Egito Antigo reside na admirável companheira de Osíris, Ísis, um mito que, segundo Noblecourt (1994), foi a admirável esposa de Osíris, àquela que soube fecundar e perpetuar o culto a ele, que foi vencido pelo mal. Ísis defendeu seu herdeiro até a fase adulta e teve seu próprio culto, que se espalhou pela bacia do Mediterrâneo na época romana.

Os livros didáticos excluem da história do Antigo Egito essas mulheres e suas lutas. Não apenas as mulheres egípcias ficaram fora dos livros em Roma, ainda no mundo antigo, a mulher não era reconhecida enquanto indivíduo e os homens, seja pais ou maridos, tinham a liberdade de matar suas filhas e mulheres se consideradas sexualmente impuras, além de lhe negarem o próprio nome como direito (MELO; FREITAS; FERREIRA, 2001 *apud* FAGUNDES, 2001).

Ao não receber um nome, era negado à mulher o direito de ser alguém, de ter identidade, a mulher estava literalmente sendo tratada como um objeto.

Sobre o fato de as mulheres romanas não terem seu próprio nome, Muraro (2000) explica que, ao nascer, a filha recebia o nome de seu pai. "Por exemplo, se seu pai se chamasse Júlio, seu nome era Júlia. Quando havia mais de uma filha, eram conhecidas como Júlia a mais velha e Júlia a menor, ou Júlia primeira e Júlia segunda, e assim por diante" (MURARO 2000, p. 95).

Aos filhos era concedido o direito do próprio nome, ou nome individual. É perceptível que o sistema romano estava alicerçado de forma a deixar claro para as mulheres que elas eram anônimas e sem importância para as famílias. No entanto, algumas mulheres quando ficavam viúvas e tinham em suas mãos grande poder econômico e político mostravam-se firmes e enérgicas como as rainhas egípcias.

A Grécia, historicamente, foi o berço da democracia. Esta, porém, centrava-se na figura do homem, excluindo do discurso as mulheres, escravos e crianças e, mesmo na ausência dos homens em guerra as mulheres não tinham os mesmos direitos. Segundo os sábios gregos, Platão e Aristóteles, o homem era o único responsável pela concepção e a mulher possuía o órgão que funcionava como depósito para o esperma (*sperma*=semente), o útero.

Esta compreensão sobreviveu até o século XIX, quando ficou comprovado cientificamente o processo de ovulação (MELO; FREITAS; FERREIRA, 2001 *apud* FAGUNDES, 2001) a expressão "Não sou depósito de esperma" é utilizada quando uma mulher quer se defender de alguma violência cometida pelo homem.

Conforme Melo, Freitas e Ferreira (2001, p. 23), a realidade da mulher grega perdura na sociedade atual, mas os avanços aconteceram quando acontece a vitoriosa invasão da Macedônia, onde conhece, gradativamente, a mulher grega "uma nova condição que, se não lhe garantiu a plena cidadania, ao menos possibilitou-lhe acesso ao domínio público, muitas se destacando nas artes, na política e na administração de grandes fortunas".

Com a disseminação das ideias cristãs, na Idade Média, predominaram sentimentos chamados de femininos como o amor ao próximo, igualdade e justiça, organização dos oprimidos e o bom uso do poder e da riqueza, buscando a igualdade entre todos, inclusive entre homens e mulheres, enfim, se apregoava a unidade que prevaleceria até a vida pós-morte.

Os supra-citados valores cristãos findam por serem manipulados e distorcidos segundo o que é conveniente a uma sociedade machista, quando se utiliza da força da mulher quando é necessário a exemplo de "Nos tempos de guerra, exigia-se que a força de trabalho da mulher fosse utilizada para suprir a dos homens, como uma espécie de exército de reserva dos senhores feudais" (MELO; FREITAS; FERREIRA, 2001, p. 24 *apud* FAGUNDES, 2001).

A igreja absorve os valores considerados como masculinos, adere ao patriarcalismo e passa a reprimir a sexualidade e a emoção da mulher, estereotipando o ideal cristão. Esta realidade sofre transformações após o reinado do Imperador Romano Carlos Magno quando "[...] a mulher conheceu um período de ascensão durante aproximadamente quatrocentos anos" (MELO; FREITAS; FERREIRA, 2001, p. 24 *apud* FAGUNDES, 2001) retornando após essa fase, quando se inicia a histórica caça às bruxas, centrada na sexualidade feminina, ao mesmo tempo em que a igreja inicia a veneração à Virgem Maria.

Com a caça às bruxas, buscava-se destruir o conhecimento construído a partir da mulher e as atividades que eram exercitadas cotidianamente, a exemplo do preparo de remédios acrescido do papel de parteira (MELO; FREITAS; FERREIRA, 2001, p. 25 *apud* FAGUNDES, 2001):

> Um dos aspectos mais chocantes da 'caça às bruxas' foi a perseguição encetada às chamadas cirurgias, consideradas 'subversivas', encaradas como ameaça ao incipiente poder médico masculino: constituiu-se em um desafio o confronto com o poder dos homens médicos, de uma corporação masculina nascente.

Com a Inquisição o saber, que era conhecido como das mulheres, foi sufocado pelo poder do saber dos homens. Mas, a Idade Média entrou em declínio com a invenção da imprensa e a mudança da visão da humanidade, que enfraquece o Teocentrismo e assume o Antropocentrismo, surgindo, então, críticas ao poderio da igreja, à sua riqueza e seu poder, resultando na fragmentação do ideário da Igreja Católica e no surgimento do Protestantismo.

Neste período, conhecido como Renascimento, "a igreja iniciava uma grande campanha no sentido de resgatar e regenerar todos os princípios religiosos básicos que lhe davam sustentação" (MELO; FREITAS; FERREIRA 2001 *apud* FAGUNDES, 2001, p. 26). Desta forma, aumentam as Ordens Religiosas direcionadas à educação das mulheres, que se mostram, na realidade, como espaços "de 'adestramento' feminino, perpetuando os papéis que a Igreja conferia à mulher, no processo de retorno social à moralidade católica e restauração dos princípios religiosos – esposa, mãe, religiosa e, só então, educadora" (MELO; FREITAS; FERREIRA 2001 *apud* FAGUNDES, 2001, p. 26).

Apesar da humanidade vivenciar, nesse período, um processo de mudança onde o Protestantismo se contrapõe ao Catolicismo, a invenção da máquina a vapor, o início da revolução e do capitalismo industrial findam por inserir a mulher em um novo contexto social: provedora das suas necessidades materiais como trabalhadora, a mulher aceita, submissa, essa mudança.

Porém, como afirmam Melo, Freitas e Ferreira (*apud* FAGUNDES, 2001) "um novo modelo de feminilidade se impunha: o culto da domesticidade, o pedestal feminino, a criação do instinto maternal". Mesmo com tantas mudanças sociais e econômicas acontecendo a mulher não consegue seguir essa evolução, pois

> [...] tinha seu corpo normatizado desde a perseguição medieval, mantendo-se submissa para docilmente aceitar as investidas do novo sistema de produção e estrutura social, perpetuando, ainda, os valores dessa sociedade por meio da educação dos seus filhos (MELO; FREITAS; FERREIRA *apud* FAGUNDES, 2001, p. 26).

Esses estigmas tiveram como alicerce a criação, por meio da igreja, do culto à Virgem Maria, e, desse culto as mulheres eram educadas para se cultivarem castas, ou virgem, até o matrimônio, se sua opção de vida fosse fazer esta escolha. Entretanto, seria mais interessante como balizador do exemplo da Virgem Maria conservar-se virgem e ser a esposa de Jesus Cristo, tudo isso norteado pela ideia repetida por meio dos séculos de que Maria era irmã, esposa e serva do Senhor.

Nesta fase ocorreu uma exagerada valorização da ideia do ser mãe, criando-se a ideia da família tal como conhecemos atualmente: a mulher cuida da casa e dos filhos, atenta para sua educação, enquanto o homem é o provedor. Dessa forma o mito Maria venceu como visão do que é ser mãe e esposa: aquela que cuida dos filhos, não se preocupa com o prazer sexual e esquece de si mesma como pessoa, pois vive para o bem estar da família.

A castidade e a questão do ser mãe do Divino estabelecem o imaginário de santificação de Maria. Com essa condição de santidade, depois de seu desencarne ocorreu sua elevação física ao Céu, saindo assim da condição do ser humano. A Virgem Maria representa a castidade que está associada a virgindade, pois as inocentes, as mulheres ainda virgens, são vistas como perfeitas, tendo seu espaço garantido ao lado dos santos no Céu, acirrando a ascendência da categoria de ser freira.

O exemplo de Maria, no mito, representa o princípio norteador do que é ser mãe e esposa fiel, e por ser um exemplo difícil a ser seguido torna o caminho para a salvação da mulher algo impossível de ser alcançado.

O mito de Maria mostra-se um ideal inatingível pelas mulheres do povo, dessa forma, a Igreja recomenda o mito de Maria Madalena, aquela que representa a cortesã arrependida, para mostrar às mulheres que a salvação é um ideal possível para todas que desejarem abandonar a vida de pecados e seguir os preceitos religiosos.

Os valores que envolvem a educação da mulher alicerçam-se no culto à Virgem Maria. Baseando-se neste culto as mulheres eram educadas para se manterem virgens até o casamento, a virgindade simboliza Maria, esposa, irmã e serva de Cristo. Esses predicados conferem à Virgem o ideal de mulher e, assim sendo, um exemplo a ser seguido. Esta mulher perfeita é simbolizada, na terra, pelas freiras que fazem votos de castidade ao optarem pela vida religiosa.

Apesar da tentativa da Igreja de manter as mulheres fora da vida social e política as mulheres foram protagonistas de inúmeros momentos importantes da história da humanidade a exemplo da Revolução Francesa, da Queda da Bastilha e a invasão do Palácio de Versalhes, no século VIII, onde os homens assumiram o movimento "a ponto de negar à mulher o direito de cidadã e levarem à guilhotina, em 1793, Olympe de Gouges[2], sob a acusação de 'ter querido ser homem de Estado" (MELO; FREITAS; FERREIRA, 2001 *apud* FAGUNDES, 2001, p. 27).

Com o início da democracia e o final da realeza, junto ao confronto entre capital e trabalho, começa a despontar o feminismo. A mulher, que antes surgia esporadicamente na história, como a escritora e Monja Hroswitha de Gandersheim que adquiriu poder e influência junto aos soberanos e o Papa após o reinado do Imperador Romano Carlos Magno, é citada no Manifesto comunista de Marx e Engels e surpreende a capital francesa com a organização das Internacionais Operárias (MELO; FREITAS; FERREIRA, 2001 *apud* FAGUNDES, 2001, p. 24).

No Manifesto Comunista os autores estendem a discussão para a exploração das mulheres. Associam o casamento burguês a uma comunidade das mulheres, onde a moral não existe no que concerne às relações conjugais e que a visão do burguês sobre a mulher é como um instrumento de produção que precisa ser explorado. Ela é a principal criada da casa e não participa da produção social, nem ganha nada.

No Manifesto discutem temas atuais como a impossibilidade da mulher de assumir dois papéis: o de produtora social, ou provedora, e o de mãe. Claramente, mostram que a família é uma célula social que reproduz o que acontece no macro: a mulher representa o proletariado e o homem o burguês, pois, à medida que o homem assume o papel de provedor, ganhando os meios de subsistência e alimentando a família isto lhe dá um espaço de direito que não necessita de nenhuma lei para o credenciar.

---

[2] Olympe Gouges foi a autora da "Declaração dos Direitos da Mulher e da Cidadã", de 1791 (MELO; FREITAS; FERREIRA, 2001 *apud* FAGUNDES, 2001).

Nesse contexto, onde ideias fervilhavam dando origem a protestos e greves, a vida das mulheres sofre mudanças e estas, segundo Melo, Freitas e Ferreira (2001 *apud* FAGUNDES, 2001, p. 28), "[...] buscam, lutando com os trabalhadores, o seu espaço na esfera política, o exercício do direito de cidadania". A concepção de mulher virgem e mãe criada pela igreja começa a mudar, seu espaço social alarga-se e descobrem que, além de mãe e esposa outros papéis sociais as aguarda.

Se, atualmente, as mulheres podem escolher entre ser trabalhadoras e emancipadas, é porque mulheres anteriormente escreveram e inscreveram seus nomes na História da Humanidade, como as operárias da fábrica Cotton (Nova York) que, durante a Revolução Industrial foram massacradas:

> [...] o fato ocorreu no dia 8 de março de 1857. A fábrica de tecidos Cotton tem sua produção paralisada pelas tecelãs que contestam os salários baixos e a jornada de trabalho de dezessete horas. Trata-se da primeira greve conduzida por mulheres. As instalações são fechadas e incendiadas. Cento e vinte e nove operárias morrem. Em homenagem a essas mulheres oficializa-se o dia oito de março como o Dia Internacional da Mulher. (MELO; FREITAS; FERREIRA, 2001 *apud* FAGUNDES 2001, p. 28).

O papel da mulher na História cresce com o papel questionador das feministas que cobraram a inserção da mulher na vida pública e política. Neste sentido, Melo, Freitas e Ferreira (2001 *apud* FAGUNDES, 2001, p. 29) dão exemplos de algumas dessas mulheres: Mary Wollstonecraft, Flora Tristan, Olympe de Gouges e Clotilde de Vaux e citam Charles Fourier como exemplo de homem feminista que "[...] com seus trabalhos considerados escandalosos, mas que, após 1830, revelam-se fontes da teoria libertária relativa às mulheres".

Atualmente, no mundo acadêmico brasileiro, as leituras indicam uma quantidade reduzida de homens que discutem as questões que envolvem os gêneros. Esta realidade continua colocando obstáculos à ascensão da mulher, pois o homem sente-se ainda ameaçado no seu poderio.

## 3.4 Currículo e Gênero: Teorizando as Representações Sociais

A discussão sobre currículo e sua importância permeia os cursos de formação de professores no entanto mais importante do que elaborar currículo é entender o porquê de sua elaboração para quem é destinado. Para tal é necessário saber um pouco de sua história.

No final do século IX, os educadores norte-americanos começaram a estudar o currículo, tendo como finalidade planejar as atividades pedagógicas do dia-a-dia, sem desviá-las dos objetivos padronizados.

No transcorrer histórico[3], a concepção de currículo sofreu grandes transformações, desde a visão tradicional de Bobbit, em seu livro *The curriculum*, até as teorias críticas e pós-críticas que discutem questões como currículo multiculturalista, relações de gênero e sexualidade, a pedagogia feminista e a reconstrução de identidades como um instrumento que leva à equidade no que concerne a gênero e a raça, analisando estereotipias e observando o vínculo que existe entre conhecimento, identidade e poder. O aprendizado implica em aperfeiçoamento motor e cognitivo a partir de modelos, e, nessa relação de ensino-aprendizagem são perpetuados valores e papéis sociais perpassados de geração a geração.

Nesta reflexão precisamos entender as complexas relações do currículo com a construção da história humana. Em um momento da história o homem se preocupava em descobrir como surgiu o mundo; em outra se descobre um animal político/social. Essas descobertas e mudanças separam o celeste do terrestre, o consciente do inconsciente, percebe que não está só no mundo e, realizando uma viagem ao seu interior identifica a importância do diálogo, sua ligação com o mundo e com o Cosmos.

Assim compreendido, a elaboração de um currículo requer cuidados históricos, ou seja, é necessário saber que construção histórica o currículo assumirá se o currículo é uma construção social, reproduz a sociedade, seus valores e preconceitos.

O currículo contribui, consideravelmente, para a construção das identidades. Para compreender o papel da escola nessa construção no que concerne às discussões sobre gênero faz-se necessário discutir a importância do currículo nessa história:

> A escola atua ideologicamente Por meio de seu currículo, seja de uma forma mais direta, Por meio das matérias mais suscetíveis ao transporte de crenças explícitas sobre a desejabilidade das estruturas sociais existentes [...] seja de forma discriminatória: ela inclina as pessoas das classes subordinadas à submissão e à obediência, enquanto as pessoas das classes dominantes aprendem a comandar e a controlar. (SILVA, 2000, p. 33).

---

[3] As reflexões contidas neste subcapítulo sobre o currículo e suas implicações estão contidas no livro *Documentos de identidade: uma introdução às teorias do currículo*, de autoria de Tomaz Tadeu da Silva (Belo Horizonte: Autêntica, 1999).

Currículo significa conhecimento e cultura porque estabelece diferenças, produz identidades, tratando-se de um elemento discursivo da política educacional, dos diferentes grupos sociais que expressam nele sua visão de mundo e seus projetos sociais.

Por meio de uma seleção arbitrária os conteúdos reveladores das manifestações culturais dos elaboradores são impostos aos usuários. Desta forma, podemos denominar dominantes as noções essencialistas, universais e trans-históricas do ser homem ou ser mulher vigente na sociedade, e dominados os educandos que estão em processo de construção de identidade, partindo do pressuposto que é na fase escolar que, praticamente, são construídas as identidades.

A escola é a selecionadora dos conteúdos e o local onde o homem, geralmente, constrói seus conhecimentos por meio de livros, ou, ainda, por meio dos valores e comportamentos vigentes no espaço educacional, a escola perpetua a ideia que a sociedade deve se comportar como um homem. Isto acontece por meio da ausência da mulher na história contada nos livros escolares, na estereotipia reproduzida nas escolas de que as ciências exatas são para os homens, pessoas mais capazes para a reprodução de valores, conceitos e pré-conceitos formadores do currículo oculto.

É possível, então, entender que o currículo, enquanto prática de significação e prática cultural naturaliza o comportamento masculino e feminino, dificultando a ascensão da mulher no âmbito do poder.

Apesar das discussões que norteiam modificações no mundo contemporâneo fazendo com que percebamos que urge discutir as diferenças de gênero no currículo, os discursos elaborados nas escolas reproduzem uma verdade única sobre os sujeitos e seus corpos: forma de andar, sentar, falar ou, simplesmente, de se comportar, incluindo a profissão que o aluno deve seguir, traduzindo-se, naturalmente, em hierarquias assumidas pelos próprios sujeitos, mostrando a dificuldade dos educadores de lidarem com as diferenças e que o processo histórico de construção das identidades dificilmente acontecerá de modo diferente.

Na reconstrução dos comportamentos e das relações sociais na escola, e na sociedade em geral, é essencial que aconteçam discussões sobre currículo oculto, como se aprende, e quais os meios utilizados nessa aprendizagem, pois geralmente, ele é responsável por uma grande parcela da ressignificação das identidades dos educandos já que "o currículo não é um corpo neutro, inocente e desinteressado de conhecimentos", e mais

"[...] não é organizado por meio de um processo de seleção que recorre às fontes imparciais da filosofia ou dos valores supostamente consensuais da sociedade". E necessário alertar que "a seleção que constitui o currículo é o resultado de um processo que reflete os interesses particulares das classes e grupos dominantes" (SILVA, 2000, p. 46).

O que se aprende no currículo oculto, quase sempre sem que o educador ou a comunidade escolar tenha noção, são as relações sociais e, nesse conjunto, podemos citar as atitudes, valores, comportamentos, organização do espaço e tempo. Ou seja, a instituição escolar se apropria de mecanismos como regras, regulamentos e normas para moldar os educandos e controlar os limites entre sexualidade e gênero, perpetuando, assim, mitos associados ao tema.

Logo, utiliza-se de esquemas de limitação de movimentos nas meninas, exercita a obediência, e a vigia em quase todos os aspectos do seu comportamento, são definidos os esportes propícios às meninas, se podem ou não sentar junto aos meninos, como falar ou andar e outras peculiaridades que auxiliaram na construção da identidade dos educadores e estes findam por perpetuar o mesmo comportamento recebido.

A crítica neomarxista, de Michael Apple, destaca-se neste momento histórico, pois, aproveitando-se das críticas curriculares dos anos 70 e 80 que resultaram em conflitos na educação dando ênfase a conflitos sociais, perplexidade, incerteza e desafios elaborou uma análise crítica do currículo centralizou suas discussões nas teorias educacionais críticas, mostrando que currículo e poder estão intrinsecamente ligados. Na perspectiva de Apple (*apud* SILVA, 2000, p. 49):

> O currículo não pode ser compreendido – e transformado se não fizermos perguntas fundamentais sobre suas conexões com relação de poder. Como as formas de divisão da sociedade afetam o currículo? Como a forma como o currículo processa o conhecimento e as pessoas contribuem, por sua vez, para reproduzir aquela divisão? Qual o conhecimento – de quem – é privilegiado no currículo? Quais grupos se beneficiam e quais grupos são prejudicados pela forma como o currículo está organizado? Como se formam resistências e oposições ao currículo oficial?

A partir da ideia apresentada só compreenderemos e transformaremos o currículo se adotarmos uma postura política de questionarmos a divisão da sociedade que afeta, como se processa a hierarquização do conhecimento, quem é beneficiado e como se formam as resistências e oposições ao currículo oficial.

Nesse pressuposto podemos observar uma relação intrínseca entre educação e gênero, uma vez que o aprendizado teórico-prático legitimado pela educação escolar, por meio do currículo oculto, ou não, irá além dos processos escolares ou familiares. Deste modo, o currículo continuará naturalizando o ser homem, ou ser mulher.

Na discussão sobre a relação entre construção da identidade de gênero e currículo, tanto o discurso quanto as antigas atitudes históricas e estereotipadoras sobre o que é comum e o que é diferente repetem-se para determinar os lugares masculino e feminino na sociedade, e, o mais importante, tem no currículo um poderoso aliado na perpetuação dessa situação.

Podemos observar que a forma de atuação dos educadores nas escolas leva a um resultado conflituoso: apesar de se entender, socialmente, que a mulher não deve ser agressiva e competitiva, estas são características consideradas masculinas legitimadas pela sociedade, exige-se da menina um comportamento diferente na avaliação quantitativa.

E, como estas habilidades são levadas em conta no momento de mensurar o rendimento escolar da menina, esta tem seu comportamento definido como inadequado para o ambiente escolar e, no futuro trabalho, é possível que não se demonstrem competitivas. Assim sendo, seu comportamento finda por dificultar o processo de aprendizagem e a ascensão a um futuro emprego.

Outro ponto de extrema importância no que concerne a esta discussão é a visão individual sobre educação. A educação tem uma função habilitadora e esta visão é contrastante com a realidade. Temos uma educação socializadora, reprodutora das condições vigentes, autoritária, impositiva, instrutora e passiva. Não se pensa nas escolas sobre a importância do currículo na formação das identidades e na importância deste para a convivência com as diferenças.

Na perspectiva de uma educação reabilitadora necessitamos educar o estudante de modo que tenha a capacidade de adaptação crescente às mudanças, possibilitando a incorporação ativa das novas gerações e visando uma sociedade mais justa e, por conseguinte, livre.

Nessa abordagem o sentido da educação é o de desenvolver a tolerância e a aceitação das diferenças. Durante a construção do planejamento educacional os educadores devem ter noção que, se a educação sistematizada e formal prepara os jovens para a vida adulta em habilidades e formas de conhecimento, não podemos esquecer que valores, atitudes e hábitos culturais, familiares e econômicos também deverão compor o currículo. No processo de elaboração do currículo, por exemplo, é necessário observarmos, cuidadosamente, os livros didáticos para que examinemos os textos que excluem a mulher da história da humanidade.

Sendo assim, a teoria do currículo precisa envolver-se na construção de identidades e criar organizações de educadores dispostos a redimensionar a formação de professores, discutindo sua importância no processo ensino-aprendizagem. Neste processo precisamos ficar atentos à construção das identidades de gênero.

Se observarmos o espaço da comunidade veremos que os comportamentos que cada um dos gêneros, masculino ou feminino, deve ter continuam se ampliando. No espaço da comunidade imediata, escola, bairro, cidade, até a macro sociedade, tornam-se cada vez mais definidas as balizas que orientam a construção da identidade de gênero.

Os discursos e os personagens revezam-se nessa construção da *persona* masculina e feminina desde os mais diversos cenários sócio históricos antigos até os contemporâneos, com as Grandes Navegações, o novo comércio, a revolução industrial, os novos meios de comunicação e transporte marcaram o início de uma nova era (MURARO; BOFF, 2002).

As revoluções continuam acontecendo e na questão que se refere a gênero foram dados passos irrevogáveis. A mulher tem avançado em todos os campos de conhecimento e atuação, enfim, tem se destacado em todos os cenários sociais. E o homem tem aprendido a encarar esta nova realidade, mesmo isso significando constantes conflitos de poder quando sente que o território que ocupava de forma preponderante passa a ser invadido pelo sexo oposto, que continua ouvindo que é frágil e incapaz, estereótipos reforçados pelos livros escolares.

Escrever sobre currículo é assumir a maneira como as inúmeras relações de poder que estão presentes nos espaços sociais e como estas relações foram organizadas e articuladas dentro dos discursos, implícitos ou explícitos, na escola. Segundo o currículo oculto, cada aprendente têm noção do que pode ou não ser realizado no espaço escolar, que tipo de comportamento cada ator social tem a desempenhar na escola.

Em um primeiro momento histórico a tarefa consistia em revelar as regras e conscientizar que estas são sócio culturalmente impostas ao longo da história dentro das relações sociais. Em outro momento, o papel seria discuti-las e legitimá-las perante a sociedade. Por último, instalar condições para que outras regras de conduta social fossem criadas e respeitadas, considerando as diferenças de qualquer nível, seja étnico-cultural ou de gênero.

Sabemos que não se pode realizar mudanças significativas no campo social, político ou cultural sem que haja disputa de poder. E este lugar de conflitos, no que concerne a gênero, pode ser uma realidade concreta na escola caso professoras e professores discutam e compreendam o real sentido do currículo e qual seu papel na reconstrução de identidades.

Assim, as meninas podem conviver em um ambiente que, embora seja marcado por preconceitos arraigados podem ter presente, em seu discurso diário, referências ideológicas, culturais e políticas que conduzam a uma convivência em comunidade com condições de assegurar os avanços, seja no discurso ou atitudes que darão sustento à elaboração de novos paradigmas.

## 3.5 Discriminação no Livro Didático

Ao chegar à escola e sentir a diferença na maneira como se dirigem a ela, excluindo o seu gênero, a menina percebe que é necessário apreender essa nova maneira de ser tratada para sobreviver naquele espaço e ter sucesso acadêmico

Ao começar a ler ela percebe que a discriminação não acontece só na linguagem oral, ela ocorre também na palavra escrita.

Moreno (1999, p. 39), faz um alerta a respeito dos livros didáticos nas séries iniciais do Ensino Fundamental que "parecem um tratado de androcentrismo para estudantes indefesos" A autora explica que "palavras e desenho combinam-se perfeitamente para compor uma sonata audiovisual com a ladainha de sempre" e ironiza ao afirmar que "evidentemente, nem uma só vez cometem o deslize de escrever o feminino em primeiro lugar".

Aquela que foi tratada com carinho em casa percebe que não existe referência às meninas no texto escrito, excluindo as personagens. Porém, algumas professoras e alguns textos fazem uso dos dois gêneros, não excluindo nenhum do discurso, ocorrendo o que é conhecido como salto semântico.

Moreno (1999, p. 54) chama a atenção para o que é definido por Álvaro Garcia Meseguer como "salto semântico":

> Consiste em iniciar um discurso referente a pessoas utilizando um termo de gênero gramatical masculino, em sentido amplo, incluindo mulheres e homens e, mais adiante, no mesmo contexto, utilizar expressões que põem em evidência o fato de que o autor se referia exclusivamente aos homens.

Esse mecanismo incute, sutilmente, no inconsciente da menina a sua submissão e ausência nos fatos mais marcantes para a humanidade. Quando os historiadores comentam sobre as façanhas dos diversos povos referem-se a esses como se fossem assexuados, privando a mulher da história:

> Sua ausência faz-se presente tanto nas descrições das façanhas bélicas como nos escassos momentos em que se fala da organização social. Tudo isso nos indica que a mulher foi intensamente desconsiderada ao longo da história e que os livros de texto continuam desconsiderando-a, em uma desesperada tentativa de deter o passar do tempo. (MORENO, 1999, p. 57).

Um exemplo claro disso refere-se à questão das capitanias hereditárias no Brasil Colonial, onde qualquer autor de livros didáticos comenta e enumera as que mais prosperaram e os motivos porque chegaram a tal condição, sem, no entanto, informar que (RIBEIRO, 2000, p. 84) muitas mulheres tiveram que ultrapassar o espaço doméstico e chegar à rua, alcançando lugares de poder e fazendo com que os pedaços de terras prosperassem:

> Das capitanias doadas no século XVI, as únicas que deram certo, São Vicente e Pernambuco, foram governadas por mulheres. A capitania de São Vicente foi administrada por D. Ana Pimentel, esposa de Martin Afonso de Souza, que ao concluir sua instalação na Vila de São Vicente em 1533, retornou a Portugal. (RIBEIRO, 2000, p. 84).

E, foi graças a D. Ana, que as primeiras mudas de laranja, arroz e do gado *vacum*, atuais responsáveis por parte da economia brasileira, chegaram ao Brasil. Essa senhora também doou a Brás Cubas uma extensão de terra entre a serra de Cubatão e o mar conhecida atualmente como Santos:

> D. Beatriz ou Brites de Albuquerque, esposa de Duarte Coelho, governou Pernambuco quando o marido foi para Portugal com os seus filhos. [...] Durante sua administração, ajudou a apaziguar o conflito entre portugueses colonizadores e os temíveis índios botocudos que tinham o hábito de antropofagia. (RIBEIRO, 2000, p. 84).

O que os historiadores não escrevem em seus livros é que "[...] essas mulheres cultivavam o ócio apenas quando era possível. No momento em que as circunstâncias exigiam uma presença decisiva na esfera de atuação administrativa, os atributos de passividade caíam por terra" (RIBEIRO, 2000, p. 84).

Ao se observar o comportamento dos professores, ou pais, a respeito das meninas quando estas não conseguem aprendizagem satisfatória nas disciplinas Matemática ou Ciências Experimentais, percebe-se que parece ser algo já previsto.

É do saber popular que as meninas se saem melhor nas disciplinas que não precisam de cálculo, por acreditar-se que essas disciplinas são de difícil aprendizagem, logo são mais difíceis para as meninas, pois o rendimento intelectual dessas, na visão geral, é menor que o dos meninos.

Essa visão das meninas contribui na perpetuação dos estereótipos de que as mulheres não são boas comerciantes, ou não se sairão bem em profissões que exijam o estudo da Física ou Química, por exemplo. Se as mulheres querem estudar Medicina, que façam Pediatria ou algo ligado aos cuidados com crianças.

Existe uma urgente necessidade de atualizar os livros didáticos, respeitando-se o espaço da mulher na história humana, revelando seus feitos e mostrando as heroínas escondidas. Esta atualização é necessária na medida em que reflita sobre as estereotipias sexistas por meio de uma renovação das imagens e, concomitantemente, uma reflexão da língua.

## 3.6 Iconografias Nos Livros Didáticos: Perpetuando Ideologia

As iconografias são de extrema importância na formação da identidade de gênero e na construção da aceitação da submissão feminina por mulheres das diversas classes sociais, diversas etnias e níveis intelectuais.

O ser humano, desde primórdios, sempre se ocupou em observar, selecionar e, finalmente, retratar o mundo a sua volta por meio de imagens. Nesta busca constante por perpetuar objetos, animais, pessoas e acontecimentos do dia-a-dia, surgiram as pinturas rupestres, gravadas em abrigos ou cavernas, admiradas e estudadas até hoje.

Por meio do tempo surgiu uma grande quantidade de verdadeiras obras de arte, de autores diversos. Estas são representações de momentos, concepções individuais e coletivas, ideais de beleza, mitos e ideias históricas. Alguns desses exemplares estão em paredes de diversos locais como casa, empresas, etc. e outros lotam museus em todo o mundo, e são alvos de estudos e desperta desejo de posse de colecionadores inescrupulosos, além de despertar admiração de inúmeras pessoas.

Segundo Meihy (2000), nós utilizamos histórias pessoais "à medida que expressamos situações comuns aos grupos ou que sugerem aspectos importantes para o entendimento da sociedade mais ampla" (p. 12).

Os livros escolares são instrumentos de transmissão ideológica, mostram os padrões sociais vigentes. Nas primeiras séries do Ensino Fundamental percebemos isso até mesmo nas ilustrações: mulheres desempenhando profissões consideradas como próprias para as mesmas como professoras, médica pediátrica, cozinheira, dona de casa, enquanto os homens são vistos como engenheiros, odontólogos, médicos cirurgiões, motoristas, etc.

Moreno (1999, p. 41) alerta sobre a ideologia que embasa a leitura de ilustrações nas séries iniciais, se pensarmos que antes de ler as palavras "lemos o mundo", as imagens, podemos entender a importância das iconografias para a leitura das crianças.

E, sobre as crianças menores Moreno (1999, p. 42) assevera: "[...] nas idades mais tenras a interpretação do desenho prevalece sobre a leitura da palavra escrita, já que esta ainda oferece consideráveis dificuldades aos jovens leitores".

Nas gravuras dos livros didáticos, ou de história infantil, podemos ver figuras com estereotipias a respeito das mulheres: seja a mulher assustada com medo de um rato em cima de uma cadeira, a eterna mãe amorosa segurando o bebê, lavando, passando ou realizando as atividades definidas pela sociedade como próprias à mulher.

As meninas necessitam de mulheres bem sucedidas nos livros didáticos, ou seja, precisam de referenciais. Mas, os livros escolares só mostram exemplos masculinos. Mas o que a História oficial divulga é que pertence aos homens, que foi criada por e para eles. O que nos parece é que a mulher não tem história, pois os historiadores omitem sua participação na construção da história da humanidade, auxiliando na preservação de modelos de conduta.

E "casos há em que os indivíduos, isoladamente, colocam-se como narradores e suas histórias, assim, ganham significado tanto pela singularidade como pelo coletivo que representam". A visão de Paiva (2000), sobre o tema é de que:

> O universo iconográfico é demasiadamente extenso e envolve inúmeros tipos de imagem e grande quantidade de técnica usada para sua produção. [...] as pinturas, os desenhos e algumas imagens gravadas por meio de antigas técnicas ou esculpidas [...], imagens de memória, aquelas que trazemos conosco, em nosso cotidiano, muitas vezes sem percebermos e que nem sempre têm uma representação plástica e invariável. Por exemplo, nossas imagens de honestidade, de patriotismo, de dor, de fé, de sofrimento, de felicidade, entre tantas outras. (PAIVA, 2000 p. 14, *in* LOPES, FILHO e VEIGA, 2000).

A história oral que lida com declarações oriundas de observação individual é reconhecida como história oral pura e sugere apreciação da alocução dos relatos. Meihy (2000, p. 40) no *Manual de História Oral*, nos lembra que "os primeiros historiadores estabeleceram a participação pessoal, o testemunho, como a base para descrever a 'verdade' do que se via". Este método que teve Heródoto como pioneiro serviu de base para o ramo da História Oral conhecida como História Testemunhal, ou História Oral Pura.

Segundo o autor, na antiguidade clássica surgem dúvidas quanto ao método de Heródoto por acreditar-se que por meio da observação e colheita de depoimentos realizados diretamente não se definiria a verdade dos fatos. Tucídides cria um método que apesar de não descartar os depoimentos e observações, confronta esses com outras fontes.

Durante o Império Romano a história realizada não consistia apenas em testemunhos, pois a colheita desses era dificultada pela vastidão territorial e a complexidade da sociedade escravocrata onde conviviam várias culturas dominadas, exigindo uma burocratização administrativa para melhor controle e domínio social.

O autor mostra que com a escrita relegada apenas aos escribas que copilavam textos relevantes para os religiosos, na Idade Média a oralidade projetou-se como forma de expressão popular e se extremou as experiências de registros. Com a invenção da imprensa por Gutemberg e a oficialização da escrita, separam-se as classes e as camadas pobres e analfabetas utilizam-se da transmissão oral, o que facilitou a afirmação dos mecanismos de poder.

Esse quadro sofre mudanças, a partir de Engels e Thompson, esquerdistas, que estiveram atentos à voz do proletariado objetivando utilizá-la como argumento da transformação social. A Escola de Sociologia de Chicago organizou normas capazes de dar status de confiabilidade às histórias de vida, legitimando a História Oral.

Sobre documentação oral Meihy (2000, p. 12) informa que ela está além da história oral e que "entrevistas esporádicas, gravações de músicas, registros sonoros de ruídos, absolutamente tudo o que é gravado e preservado se constitui em documento oral".

Thompson (2002) vai além quando especifica que a História Oral é utilizada por estudiosos e não só por jornalistas ou pela tradição oral, mas "também por muitos estudiosos, particularmente sociólogos e antropólogos, que não se consideram estudiosos orais" (p. 104), o autor chama a atenção para o fato de que "os historiadores profissionais provavelmente não pensam em seu trabalho como 'História Oral', seu enfoque é sobre um problema histórico que escolheram e não sobre métodos [...] e optam por utilizar a evidência oral juntamente com outras fontes" (THOMPSON, 2002, p. 104).

O autor alerta que a História Oral é uma técnica que pode ser utilizada em qualquer disciplina e, para exemplificar ele mostra a utilização desta em vários campos, como "em Sociologia, Antropologia, Folclore, História Contemporânea, Política e Biografia" (THOMPSON, 2002, p. 105), e a importância dessa técnica para aproximar o foco de observação, este deixa de ser objeto de estudo e passa a ser sujeito, já que estará vivenciando e enriquecendo o trabalho do pesquisador, tornando-o mais convincente e comovente.

Meihy (2000, p. 12) confirma essa linha de observação quando diz que "algumas histórias pessoais ganham relevo à medida que expressam situações comuns aos grupos ou que sugerem aspectos importantes para o entendimento da sociedade mais ampla".

Dessa forma, fica evidente a potência da palavra oral, e sua importância para a pesquisa social, já que por meio dela pode-se conseguir um material mais intenso e essencial para a história.

A busca pela fidedignidade da história oral é de extrema importância para Thompson (2002), para tal ele alerta para que o entrevistador dialogue com outros documentos, com cautela assegurando-se de sua veracidade. O autor cita cartas, autobiografias, censo, registro de nascimento, casamento e morte, escrituras, contratos, livro de registro de empregados e jornais como exemplos característicos para esse diálogo entre o resultado da entrevista e a veracidade dos fatos surgidos como produto desta.

# CAPÍTULO 4

# A ESCOLA E OS ENVOLVIDOS NA CONSTRUÇÃO DE GÊNERO

*Os gráficos*
*Os gráficos se projetam*
*despindo realidades distintas.*
*Aos olhos do leigo*
*surgem como barras ou*
*colunas que se formam de sombras.*
*Mas, para aqueles que sentem*
*é o encontro com pessoas*
*sem rosto,*
*sem corpo,*
*que derramam no pergaminho*
*o perfil concreto*
*que se ergue de forma vertical.*
*(Lázaro Zachariadhes)*

Neste capítulo, se faz uma análise das escolas visitadas: uma escola do setor público e outra do privado na cidade de Alagoinhas, na Bahia. Com o auxílio de gráficos e de citações de entrevista, realizados com professoras e gestoras das duas escolas, se debate a temática da educação de gênero, com o foco nas meninas. E com a discussão norteada pelos formulários respondidos pelas meninas, tendo como suporte alguns teóricos, a visão das meninas sobre escola e construção da identidade das meninas.

Para melhor demonstrar o que se discutiu no início da pesquisa sobre livro didático, e com auxílio de recortes dos livros de história adotados pelas duas escolas e dialogando com teóricos, se mostra a realidade da omissão da mulher enquanto partícipe da história da humanidade.

## 4.1 A escola pública

Nos últimos tempos, as pessoas têm se queixado de que a escola pública não cumpre mais seu papel, pois não conseguem mobilidade social ascendente. Sem pretensão de responder ao questionamento sobre o porquê da existência da escola pública, que não faz parte da temática discutida aqui, mas objetivando forçar uma reflexão da escola enquanto um espaço que não é neutro, é possível afirmar que ainda existem aqueles que continuam a acreditar no papel virtuoso e nas possibilidades da educação escolar básica, logo, há divergências. Mas, é fato que a escola é um aparelho que auxilia na perpetuação de estereotipias e ideologias.

É de extrema importância, no processo de ensino-aprendizagem, um ambiente físico adequado, espaços que contribuam para tal, como cantinho de leitura, entre outros. Em outras palavras, a sala de aula deve constituir-se como um espaço de interação, rico e estimulante, uma vez que pode facilitar ou dificultar a aprendizagem.

A escola pública visitada é típica de construção térrea, de tijolos, telhado à vista, área coberta para as crianças brincarem protegidas do sol e chuva, área livre em redor de todo o prédio e um parquinho com brinquedos de madeira.

A escola possui seis salas de aula, todas com ventiladores e janelas, propiciando ventilação e iluminação adequadas. Em contrapartida, não possui salas-ambientes, como: biblioteca, sala de leitura, sala de projeção ou auditório.

Em uma pequena sala estão localizadas a direção, secretaria, coordenação e sala do professor, com um pequeno sanitário ao lado para uso dos docentes e gestoras.

A escola ainda possui uma cozinha, uma despensa, seis sanitários, com banheiros e pias para uso dos alunos, três para as meninas e três para os meninos.

O mobiliário mostra-se em excelente estado de conservação, possuindo bebedouro e geladeira, além de computador e impressora para os serviços gerais.

Possui duas cozinheiras e duas serventes. A diretora dispõe de várias verbas como o Programa Dinheiro Direto na Escola[4] (PDDE) e o Programa Novo Mais Educação[5].

---

[4] O PDDE consiste na assistência financeira às escolas públicas da educação básica das redes estaduais, municipais e do Distrito Federal e às escolas privadas de educação especial mantidas por entidades sem fins lucrativos. O objetivo desses recursos é a melhoria da infraestrutura física e pedagógica, o reforço da autogestão escolar e a elevação dos índices de desempenho da educação básica. Os recursos do programa são transferidos de acordo com o número de alunos, de acordo com o censo escolar do ano anterior ao do repasse. Disponível em: http://portal.mec.gov.br/financiamento-estadual/dinheiro-direto-na-escola. Acesso em: 8 ago. 2017.

[5] O Programa Novo Mais Educação, criado pela Portaria MEC nº 1.144/2016 e regido pela Resolução FNDE nº 5/2016, é uma estratégia do Ministério da Educação que tem como objetivo melhorar a aprendizagem em

DE MENINA À MULHER

Além disto, a escola participa dos seguintes programas federais: Vale Gás e Bolsa Família. O Vale Gás é um auxílio oferecido pelo governo federal onde é possível garantir uma quantia em dinheiro suficiente para compra de gás de cozinha, no entanto para receber é preciso comprovar baixa renda familiar e realizar a inscrição em programas sociais, como o Bolsa Família.

O Bolsa Família é um programa direcionado às famílias em situação de pobreza e de extrema pobreza em todo o País, no intuito de auxiliar na superação da situação de vulnerabilidade e pobreza. O programa objetiva garantir a essas famílias o direito à alimentação e o acesso à educação e à saúde.

A escola não tem Projeto Político Pedagógico (PPP), ou seja, não tem um documento escrito com os objetivos da instituição, as suas dimensões, e o que é necessário para alcançá-los.

Na redondeza, funciona um posto médico, igreja, supermercados, pequenas lojas, academias de ginásticas entre outras empresas de varejo. Contando ainda com transporte coletivo (ônibus), que deixa os passageiros na porta da escola, o que facilita o ir e vir das professoras que moram em outros bairros.

Ao ser entrevistada sobre a relação da escola com a comunidade circunvizinha, a diretora afirmou que havia uma boa relação porque os alunos pertencem ao próprio bairro, não há alunos moradores de outras comunidades.

O espaço da comunidade poderia ser aproveitado para pesquisas, que só iriam enriquecer o trabalho dos professores, ou aulas-passeios nas praças, porém a comunidade apresenta um grande índice de violência, a escola chegou a ser alvo de um assalto na época da pesquisa.

A escola foi inaugurada em nove de abril de 2006. Pelo então secretário Sr. João dos Reis Lopes Filho e tendo como prefeito Sr. Joseildo Ribeiro Ramos, e recebeu o nome oficial em homenagem a um líder estudantil local que foi sequestrado, torturado e assassinado na ditadura militar.

A equipe escolar atende às modalidades de Ensino Fundamental (1º ao 5º ano) e o curso de Educação Infantil e funciona nos turnos matutino e vespertino de segunda a sexta-feira nos seguintes horários: 7h30min às 11h30min e 13h às 17h.

---

língua portuguesa e matemática no ensino fundamental, por meio da ampliação da jornada escolar de crianças e adolescentes. Disponível em: http://portal.mec.gov.br/programa-mais-educacao. Acesso em: 8 set. 2017.

A diretora da escola é graduada em Letras e a vice-diretora é licenciada em Pedagogia. Todas as professoras têm licenciatura e algumas possuem pós-graduação.

No que se refere ao calendário escolar, comemoram o dia da mulher, dia do meio ambiente, páscoa, dia das mães, dia do índio, o São João, o folclore, dia do estudante, dia dos pais, dia da árvore, Independência do Brasil, dia da criança, dia do professor e o Natal.

Foi observado, no decorrer das visitas técnicas, cartazes de felicitações pelo aniversário dos alunos nas salas de aula e dos funcionários na direção, o que se leva a crer que estas datas também são lembradas.

Os eventos culturais de destaque promovidos pela escola são: os festejos juninos, o dia do estudante, semana da criança, o dia das mães e o Dia da Independência do Brasil. Possuem como atividades interdisciplinares a semana da saúde e semana do trânsito.

Segundo informação da diretora, a escola não possui Projeto Político Pedagógico e o trabalho anual compreende o planejamento anual e o de curso. O período de Atividades Complementares (AC), que as professoras fazem o planejamento das aulas, acontece quinzenalmente às sextas-feiras. O acompanhamento pedagógico é realizado pela diretora, vice-diretora e uma coordenadora pedagógica que trabalha na escola apenas no turno vespertino.

O calendário de 200 dias letivos, exigido pela legislação brasileira, é organizado pela Secretaria da Educação do Município (SEDUC).

Pedagogicamente, as reuniões de pais e mestres acontecem trimestralmente, não acontecendo reuniões com a comunidade circunvizinha, já que não foram criados vínculos entre esta e a escola não há, portanto, eventos promovidos entre a comunidade diretamente ligada à escola.

Não há escolha nas concepções que norteiam o trabalho pedagógico, pois o processo acontece sem critério: os professores escolhem o que consideram, pela experiência, o que é melhor para nortear seu trabalho. Neste contexto, a avaliação acontece de maneira processual, contínua e somativa.

O livro didático é adquirido através do Programa Nacional do Livro Didático (PNLD), e é distribuído de acordo com a matrícula de cada série e pelo título escolhido previamente pelos professores da Unidade Escolar.

O material didático é adquirido por meio de recursos enviados pelo governo federal, o Programa Dinheiro Direto na Escola (PDDE), armazenado na escola e distribuído aos alunos de acordo com as necessidades e

DE MENINA À MULHER

utilizado para fins diversos. A escola dispõe de mapas, jogos, encartes, entre outros materiais didáticos necessários.

A capacitação dos professores, diretores e funcionários acontece por meio da SEDUC e a semana pedagógica ocorre no início de cada ano letivo, com discussão de temas pertinentes ao momento atual e às necessidades da comunidade escolar. Alguns profissionais da escola fazem cursos de capacitação por conta própria, seja os cursos de graduação, pós-graduação ou equivalentes.

### 4.1.1 O dia-a-dia na Escola: Ludicidade e Construção da Identidade de Gênero

A escola é a agência especializada na educação das novas gerações. Sua finalidade específica é colocar à disposição dos alunos, por meio de atividades sistematizadas e programadas, o patrimônio cultural da humanidade que se pressupõe esteja concentrado nos diversos Campos de Conhecimento discutidos nas escolas.

Com a especialização demográfica das idades de 5- 7 a 10-11 anos, tanto nas pequenas escolas como nas classes de Educação Infantil e a especialização social de dois tipos de ensino, um para o povo e o outro para as camadas burguesas e aristocráticas, surgiu a tendência para o enclausuramento e a domesticação dos corpos das crianças nas escolas. E isto aconteceu com o objetivo de um melhor rendimento no campo da aprendizagem.

Esse dado foi observado na escola visitada: a preferência pelas atividades em sala e sentados, enquanto a área externa e brincadeiras ficam reduzidas ao recreio e as aulas do Programa Novo Mais Educação.

Durante as aulas, a recreação das crianças enquanto durou a observação restringiu-se a atividades como ler textos paradidáticos, ouvir músicas ou assistir filmes relacionados a algum tema da aula. As brincadeiras se restringem-se ao recreio e as aulas do Programa Novo Mais Educação, onde apenas uma parcela dos educandos estão inscritos e participando.

Entre os alunos participantes do Programa Novo Mais Educação, apenas uma pequena parcela de meninas está matriculada. Por ser necessário voltar à escola em turno oposto ao das aulas regulares mães e pais preferem que as meninas fiquem em casa, auxiliando nas tarefas domésticas.

Esta seleção faz com que os educandos neguem seus corpos no espaço escolar e mostra a exigência da escola em dicotomizar mente e corpo. Ao responder ao formulário, meninas deixaram claro que preferem brincar em casa 76% preferem brincar na rua e 24%, em casa.

No espaço familiar, a menina não é considerada assexuada e seu corpo é percebido pelos atores sociais da família o processo de domesticação do corpo acontece nesse espaço. Porém, o dualismo redutor ocorre com mais força no espaço escolar por causa do sistema disciplinar. E, na negação do corpo, a educadora esquece que

> O corpo é o veículo de ação do Ser no mundo, e ter um corpo significa estar em um meio definido com o compromisso decorrente dessa implicação, pois ele habita o gesto e o gesto o habita. E o primeiro objeto cultural é, portanto, o corpo do outro: eu o olho, ele vê que eu o olho, eu vejo que ele vê, ele vê que eu vejo que ele vê. (MELO, 2004, p. 51).

No recreio apenas um pequeno grupo de meninas e meninos se une para conversar ou brincar. As crianças brincam sozinhas sem interferência de professoras e/ou monitores. A maioria dos meninos prefere alguma brincadeira por meio de gestos mais violentos ou jogar bola, enquanto que a maioria das meninas prefere ficar sentada, e em grupos, conversando.

Todas as meninas que responderam o formulário disseram não brincar com os meninos e, apesar de 60% dos pais dessas meninas permitirem que estas brinquem com eles, a maioria afirmou que a professora não permitia brincadeiras mistas, com meninas e meninos.

Esse fato nos leva a refletir sobre quem é essa educadora? Qual sua história? Como ocorreu o processo de construção de sua personalidade e identidade? Qual sua concepção do papel da mulher na sociedade? Na busca por essas respostas, talvez possamos entender o porquê dessa conduta da professora, que não é só dela mas da maioria das mulheres da comunidade local, conforme documentos oficiais e matérias veiculadas na mídia oral e escrita.

### 4.1.2 Conversando com a Professora

Atualmente, passamos por uma crise de confiança no conhecimento profissional que resulta na busca de uma nova epistemologia da prática educacional, centrada num conflito entre o saber escolar e a reflexão dos professores e dos alunos.

A definição da atividade docente como profissão, fundamenta-se, justamente, na capacidade para tomar decisões e justificá-las. O professor deve ser capaz não só de captar e compreender sua profissão, mas, também, de comunicar aos outros as razões de suas decisões e ações profissionais.

O papel do professor vai além do transmitir informações, pois ele deve ser um mediador do conhecimento, aquele que equilibra situações de aprendizagens e conflitos que ocorrem em sala de aula.

A professora da turma observada, 5º ano do Fundamental I, turno vespertino, cursou Magistério e estudou Letras com Inglês na UNEB, em Alagoinhas (Bahia), e começou a trabalhar aos 19 anos. Afirma que escolheu essa profissão por atender aos conselhos de sua mãe, pois ela teria uma oportunidade maior de trabalho na cidade.

No desenvolvimento da pesquisa, ao ser questionada (Trabalha desde que idade?) a professora responde: *"Comecei a trabalhar aos 19 anos"*. À pergunta seguinte (O que a levou a escolher essa profissão?) é assim justificada: *"Conselhos de minha mãe* (oportunidade maior de trabalho na cidade)" Professora Maria Gabriela Silva[6].

Para a regente os meninos apresentam comportamentos estranhos e inadequados à idade, a exemplo de atitudes, por ela classificadas como violentas, no recreio, na entrada e saída da escola, enquanto as meninas estão constantemente se envolvendo com fofocas e se agredindo por causa de namorados.

Esta conclusão demonstra a visão naturalizada do menino e da menina: o agressivo e a fofoqueira, respectivamente. Meyer (2003, p. 11) chama a atenção para o fato de que "[...] nada é 'natural'[...]", e a professora acaba delineando as características de cada sexo e apresentando perfis específicos de meninos e meninas.

Essa realidade mostra que as relações escolares apresentam facetas obscurecidas quanto às relações de gênero, e, por meio dos episódios observados na escola e da opinião da professora, pode-se verificar que os estereótipos de gênero atravessam a construção do que é ser menino e menina, que não se explica, apenas, como um fato exclusivamente escolar, mas converte-se em um fato social.

Na entrevista a professora afirmou que sua mãe assumiu o papel de pai e mãe em casa, moravam no campo, e a mãe lecionava em uma escola com sala multisseriada a professora foi aluna da mãe durante o Ensino Fundamental 1.

Durante sua infância, brincava de casinha com direito a comidinha, banho nas bonecas e de escola, quando escrevia em uma tábua para dar aula

---

[6] O nome da professora é fictício para preservar a ética na condução deste estudo.

as suas bonecas, no caso, supostas alunas. Sua mãe não lhe permitia brincar de esconde-esconde com os meninos.

O mesmo fato foi observado nas meninas, o que nos leva a pensar se o brincar de esconde-esconde reflete o medo dos pais de um contato mais íntimos entre as crianças. Esta inquietação gera um questionamento: será que a proibição que essa professora faz às meninas (não brincar com os meninos) nasceu de suas imagens da infância, quando passou pelo mesmo fato?

A análise das observações permite entrever que a professora compartilha de um olhar estereotipado sobre os papéis socialmente aceitos e recomendados para meninas e meninos. Esta visão é reforçada em atitudes e ações que acabam, várias vezes, reforçando os estereótipos sexistas.

O presente estudo não objetiva culpabilizar a professora, mas mostrar que sua prática não é imune às crenças e aos comportamentos assimilados que aprendeu a naturalizar durante as diversas fases de sua vida.

Segundo a professora colaboradora, o mecanismo mais utilizado pelas suas educadoras para vigiar e punir suas educandas era o medo: ameaçavam contar ao pai o mau comportamento da aluna os irmãos também costumam ameaçar: "Vou contar ao meu pai quando ele chegar em casa", o que não é comum ao contrário.

Este comportamento demonstra que reconhecem a família como um núcleo social patriarcal, o pai localizado no topo da hierarquia familiar, e é papel do pai castigar os erros dos filhos. As respostas da professora sugerem que sua formação é resultado de uma educação que se utiliza do medo para moldar comportamentos, que chamaremos aqui de pedagogia do medo.

### 4.1.3 Conversando com as meninas

As educandas, grupo formado por maioria afrodescendentes, com faixa etária que varia dos 10 aos 14 anos, elegeram o rosa como a cor preferida e as brincadeiras selecionadas, em sua maioria, não envolvem bola ou gestos bruscos e violentos, conforme os gráficos representativos do formulário respondido por essas.

A maioria das educandas entrevistadas mora com os pais, apesar de uma porcentagem considerável morar apenas com a mãe, o que demonstra a mudança na estrutura familiar. Essa noção de família comprova o que Muraro (2000, p. 157) afirma: "A mulher negra [...] aguenta sozinha a barra das famílias mais pobres. A sociedade negra é matricêntrica e matrilocal, mas tem valores patriarcais".

Apesar de uma parte das mães atuarem como "chefe da família", mantém as meninas separadas dos meninos durante as brincadeiras, perpetuando o brincar de bonecas, educando as meninas para serem futuras mães e "donas de casa", e limitando o movimento das meninas na família. Auxiliando, inconscientemente, o que foi naturalizado pela sociedade: mesmo sendo provedora naturaliza o que aprendeu: é a mãe que educa os filhos.

As meninas demonstraram medo dos castigos, mecanismos para vigiar, punir e moldar utilizados pela escola. Afirmaram ter medo das ameaças de suspensão e expulsão, isto no ambiente escolar. No âmbito familiar, afirmaram ter medo de apanhar, ficar de joelhos e ficar presa. Neste contexto, apenas uma educanda disse não ser castigada pela mãe, ou pelo pai.

Oliveira (2004 p. 173) chama a atenção para o fato de que "[...] a sala de aula deve ser um lugar em que a criança se sinta segura, de forma que possa usar suas energias para aprender sem medo de prejudicar sua atenção" e complementa:

> Para muitas crianças, a escola é uma situação muito severa de medo, e da qual de maneira alguma podem fugir. Durante o dia todo vivem num estado constante de medos: de crítica, medo de rejeição pelo professor e pelo grupo; medo de castigo, de exames, de ridículo, de atravessar a rua, de escuro, de ficar só, etc.

O autor chama a atenção para o fato de que, muitas vezes, os adultos utilizam o medo das crianças como uma forma de assegurar o seu bom comportamento. Em se tratando de meninas, o medo é muito utilizado para domesticá-la, nortear sua forma de viver e ver o mundo, causando-lhe um contínuo processo de submissão e aceitação do mundo tal como ele se apresenta: sexista e patriarcal.

### 4.1.4 Com a Palavra: o Livro Didático

Segundo as professoras da escola para realizar a escolha do livro didático é observado se as iconografias do livro didático são adequadas para a idade e série dos educandos; se há adequação do texto para o nível de conhecimento da turma; se veicula preconceitos de origem, cor, condição econômico-social, etnia, gênero, linguagem e qualquer outra discriminação.

As professoras, a coordenadora e direção da escola selecionam livros para observarem, discutem entre si sobre os mesmos e decidem quais livros utilizarão nos próximos quatro anos, a escolha do livro didático é feita de quatro em quatro anos.

Para um melhor entendimento dessa realidade foram observados os livros da turma de 5º ano da escola e percebe-se a preocupação com a transmissão de ideologias na escola.

Os livros mostram, no geral, um discurso androcêntrico. Não acontece uma falha de se colocar o feminino na frente uma única vez. Quando aprendemos a falar, aprendemos que existem duas formas de se referir e se dirigir a outra pessoa: o feminino e o masculino.

Apesar de existir duas formas de nos referir a outra pessoa, se for necessário economizar palavras ao falar, ou escrever, findamos por utilizar apenas um dos gêneros. Nessa escolha, perdemos nossa identidade sexolinguística e utilizamos o gênero masculino. Isto é o que ocorre nos livros didáticos, o feminino desaparece, a menina não se vê no texto escrito.

Ao falar, ou ler, a professora finda por se referir apenas ao sexo masculino, para economizar tempo. De maneira inconsciente, isto ocorre de forma exaustiva. E a menina aprende, na escola, a renunciar a sua identidade sexolinguística.

Junto a essa renúncia, a menina aprende que existe uma hierarquia social, partindo do uso dos atores masculinos no início das frases, em primeiro plano e a mulher e crianças no segundo. Fica subentendido que existe uma deferência ao masculino.

As iconografias são coloridas e se percebe um grande esforço de diminuir a propagação de ideologias, no que concerne a gênero. Uma das autoras é psicóloga, o que deve ser proposital para a melhoria da apresentação do material impresso.

Nos livros, principalmente o de Português, se observa gravuras de crianças do gênero masculino usando camisas na cor rosa e meninas brincando com carrinhos e meninos com bonecas. Isso é excelente, pois as crianças interpretam o que está escrito com o auxílio da iconografia.

Sobre a temática, Moreno (1999) faz um reflexivo alerta sobre como por meio dos modelos linguísticos, que são genericamente confusos para a menina e claros e determinantes para os meninos, e os faz aprender os signos de uma ideologia de gênero:

> Vemos como os livros de linguagem não ensinam só a ler, assim como não é o domínio do idioma a única coisa que cultivam, mas sim todo um código de símbolos sociais que comportam uma ideologia sexista, não-explícita, mas incrivelmente mais eficaz do que se fosse expressa em forma de decálogo. (MORENO, 1999, p. 43).

Na página 19 do livro de História, pertencente ao capítulo que discorre sobre como era viver no Brasil Colônia, os autores dedicaram um pequeno texto sobre a realidade da vida das mulheres nesse período histórico. Nele discorre que a mulher era vista como propriedade do homem, cabendo a ela os afazeres domésticos e os cuidados com os filhos.

As mulheres que tinham oportunidade de aprender podiam prestar serviços, como ensinar os filhos dos senhores. Foi observado que isso se repete em cada capítulo que trata dos períodos históricos.

O livro traz uma abordagem muito interessante, mostrando a mulher na História brasileira, porém esta aparece como espectadora da história, sem mostrar vultos femininos com ações importantes para todos, ou quando o fazem, sua importância é diminuída, restringindo-se a papéis tidos como feminino.

Os autores, em um outro momento do livro de História, mostram a célebre figura de Chiquinha Gonzaga e é citado seu trabalho no processo de abolição da escravatura no Brasil. A relevância da importância da mesma para a causa ficou reduzida, pelos autores à venda de suas partituras para angariação de fundos. Não mostra seu pioneirismo ao ousar ser compositora e maestrina em um momento histórico em que esses papéis eram reconhecidamente masculinos.

O que se pode ver é que a mulher não é mostrada como protagonista da história, àquela que causou escândalo ao ousar, enquanto mulher e filha de escravos, aprender a ler, fazer cálculos e tocar piano de forma profissional. Tocar piano e compor era comum para as senhoras da época, mas mantendo-se respeito ao espaço feminino: a vida privada.

Enquanto que os vultos masculinos são retratados como heróis de guerras, de grandes conflitos sociais. Onde os mais fortes sempre vencem.

Mostrando como diz Moreno (1999, p. 44):

> De maneira explicita, algumas vezes, e de outras mais veladamente, estão ali presentes todos os mitos e ideias machistas: valorização da força, da violência, da "virilidade", do heroísmo, da ordem hierárquica, das condutas que levam antes ao sui-

cídio do que à rendição, da capacidade de submeter os outros pela força, da perícia em destruir e em matar.

Ao se trabalhar a História como se apresenta nos livros didáticos, é muito importante que a professora tenha leituras extras para interpretar os fatos de uma melhor forma para as meninas e meninos de sua classe. Isto é muito importante para que não aumente a forma agressiva de se comportar dos meninos e não finde por minimizar a agressividade presente na menina.

## 4.2 A Escola Privada

A escola, fundada em 13 de junho de 1991, teve o seu funcionamento legalizado pela Secretaria da Educação do Estado da Bahia por meio da Portaria n.º 351, publicada no Diário Oficial de 31/12/1992, e tem como mantenedor o Centro de Formação Infantil LTDA, CNPJ 40482036/000173.

Segundo a diretora, no início, tiveram como finalidade ministrar um trabalho voltado à Educação Infantil e o Ensino Fundamental de 1.º ao 5.º ano. Ressaltando que começaram com Educação Infantil, mas, a cada ano, iniciavam uma nova série até chegar ao 5.º ano.

A escola funciona em regime de externato, nos turnos matutino e vespertino. No decorrer dos anos, face aos constantes pedidos dos pais e buscando sempre atender às necessidades da comunidade, iniciaram, a partir de 2002, as séries subsequentes do Ensino Fundamental: começam com os 6.º e 7.º anos em 2002 e 8.º e 9.º anos em 2004.

E, segundo as informações da diretora:

> *A escola foi idealizada, projetada e construída com o objetivo maior de oferecer aos nossos alunos, toda a segurança e conforto necessários ao pleno desenvolvimento, tornando-se um suporte essencial para as atividades pedagógicas desenvolvida por professores capacitados e reciclados periodicamente, acompanhando as grandes mudanças ocorridas no processo educativo.*

No texto da diretora, percebe-se uma preocupação a respeito da aprendizagem dos alunos e com seu desenvolvimento pleno. No entanto, durante as observações in loco, não foi observada nenhuma preocupação dos funcionários com as relações entre meninas e meninos, o que nos leva a acreditar que a situação não corresponde à missão da escola, talvez face às desinformações em torno da questão.

A escola localiza-se no Centro da cidade de Alagoinhas-BA, e tem como visão, conforme informações da diretora:

> *Ser uma instituição de referência no trabalho educacional, oportunizando crescimento e desenvolvimento de todas as pessoas da comunidade escolar, proporcionando um ambiente de aprendizagem, no qual, os alunos motivados atinjam o melhor no seu desempenho, assegurando seu sucesso pessoal e individual, preparando-os como pessoas e cidadãos para o seu futuro em outras instituições escolares, assegurando hábitos, atitudes, comportamentos e regras que permitindo-lhes o exercício da cidadania consciente e responsável.*

Na escola privada o espaço reservado para as crianças brincarem é muito simpático, com piscina, campo de futebol gramado, uma caixa de areia com vários brinquedos de parquinho, área cimentada com árvores e um grande galpão coberto onde fica a lanchonete e um bebedouro.

### 4.2.1 O dia-a-dia na escola: ludicidade e construção da identidade de gênero

Foi observado, nos intervalos, que os meninos mostravam-se mais agressivos no brincar. Jogavam futebol utilizando uma garrafa *pet* pequena, em meio à confusão normal entre crianças no horário de intervalo, um grupo de meninas e meninos brincava de esconde-esconde, ou de pega-pega, enquanto que outro, formado apenas por meninas ficava conversando em um cantinho, mostrando um comportamento semelhante ao que foi observado na escola pública.

A escola mantém a mesma disciplina no brincar. Apenas no recreio e em sala de aula é permitido que os alunos leiam no cantinho de leitura, onde tem uma estante contendo diversos livros e revistinhas, ouvir músicas ou filmes sobre algum tema da aula.

### 4.2.2 Conversando com a professora

As qualidades do professor-facilitador podem ser resumidas em autenticidade, compreensão empática e apreço. A primeira seria a compreensão da conduta do outro a partir do referencial do outro, e a segunda a aceitação de confiança em relação ao aluno.

A professora da turma afirmou que estava matriculada no curso de Pedagogia, mas achou que não *"era sua praia"* [sic] e resolveu fazer o curso de Enfermagem. Define seus educandos como obedientes e suas educandas como educadas, calmas e obedientes.

No decorrer da entrevista, afirma que brincava de bonecas quando era criança, mas gostaria de empinar pipa e jogar bola de gude, mas não lhe foi permitido.

A entrevistada não quis informar mais detalhes sobre sua infância, mas confirmou que os mecanismos utilizados por suas professoras eram os castigos, a exemplo de colocar a criança sentada na secretaria.

### 4.2.3 Conversando com as meninas

As alunas dessa escola têm entre nove e dez anos de idade, o que leva a crer que a diferença de idade seja um dos balizadores do comportamento dessas meninas, pois por serem mais jovens preferem brincadeiras como esconde-esconde ou pega.

Ao aplicar o formulário com as meninas, foi constatado, de perto, o que já havia sido percebido nas observações: as meninas preferem as brincadeiras conhecidas como "brincadeiras de meninas". A maioria das meninas entrevistadas mora com os pais, em uma porcentagem maior do que as meninas da escola pública:

Com quem você mora?

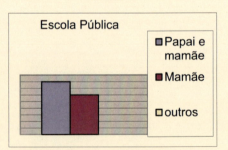

Gráfico 01                      Gráfico 02

Fonte: questionário realizados nas escolas   Fonte: questionário realizados nas escolas

As meninas da escola privada demonstraram que são mais abertas do que as da escola pública no brincar: não elegeram a casa como o melhor lugar, mas, a escola e a rua; a maioria dos pais não faz restrições quanto à escolha das brincadeiras, nem o limite para sair de casa e horário para voltar.

Que brincadeira seus pais não gostam que você participe?

Gráfico 03                    Gráfico 04

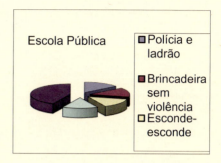

Fonte: questionário realizados nas escolas   Fonte: questionário realizados nas escolas

    Esse fato pode ser justificado pela diferença de idade das meninas das duas escolas: na escola pública um grupo já está entrando na adolescência, já possui um comportamento "de mocinha", enquanto na escola privada, as meninas são menores, gostam de correr, ou seja, têm um comportamento mais coerente com sua idade poderia classificar como um "comportamento infantil".

    Quem mais lhe proíbe de sair de casa ou determina horário para voltar?

Gráfico 05                    Gráfico 06

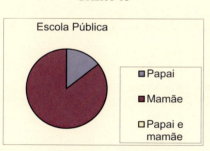 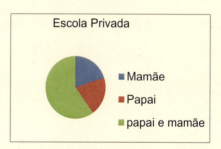

Fonte: questionário realizados nas escolas   Fonte: questionário realizados nas escolas

    Esse dado demonstra o que Muraro (2000, p. 157) afirma: "É nas classes médias modernas que a grande transformação está se processando". A maioria das meninas dessa escola elegeu o rosa como a cor preferida, assim como as meninas da escola pública.

    As brincadeiras prediletas, em sua maioria, são aquelas que a sociedade naturalizou como brincadeiras de meninas, o que não ocorreu com as meninas da escola pública, que escolheram as brincadeiras classificadas como "brincadeiras de meninos".

Na leitura dos gráficos foi separado as brincadeiras "de meninas" com a cor azul e a cor vermelha as brincadeiras "de menino" podemos observar que, na escola pública, há uma incidência maior por escolhas de brincadeiras naturalizadas pela sociedade como "de meninos", conforme relato anterior:

Qual a brincadeira que você mais gosta?

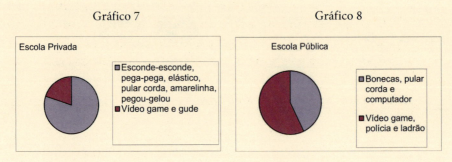

Gráfico 7          Gráfico 8

Fonte: questionário realizados nas escolas    Fonte: questionário realizados nas escolas

Apesar das mães das classes privilegiadas economicamente estarem mudando a concepção sobre as diferenças de gênero, talvez por terem um nível intelectual mais alto do que as mães das classes menos favorecidas, as meninas desta classe não têm a vida mais livre no que concerne às brincadeiras, como mostram os gráficos imediatamente anteriores. As brincadeiras são mais restritas ao espaço dentro de casa ou da escola.

Você prefere brincar com meninas ou meninos?

Gráfico 9          Gráfico 10

Fonte: questionário realizados nas escolas    Fonte: questionário realizados nas escolas

Como se pode ver nos gráficos anteriores, as meninas, nas duas escolas, afirmam não ter medo dos meninos, mas não querem brincar com esses, como comprovam os gráficos a seguir.

Você tem medo de brincar com meninos?

Gráfico 11　　　　　　　　　　　Gráfico 12

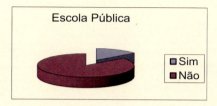

Fonte: questionário realizados nas escolas　Fonte: questionário realizados nas escolas

As meninas da escola privada afirmam ter medo das avaliações, de ficar sem brincar no recreio e de ir para o provão, face à preocupação da repressão em casa: o medo é de ficar trancada no quarto, sem assistir às novelas, e da mãe reclamar constantemente.

De qual castigo você tem medo na escola?

Gráfico 13　　　　　　　　　　　Gráfico 14

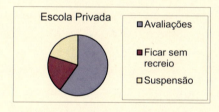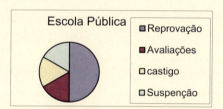

Fonte: questionário realizados nas escolas　Fonte: questionário realizados nas escolas

Podemos observar que o medo das avaliações é uma constante nas duas escolas, e, de modo igual, os castigos e ameaças de suspensão. Na escola pública surge o medo da reprovação porque a turma é formada por um grupo de repetentes, enquanto que o outro está frequentando a sala de aula pela primeira vez.

O medo dos castigos nos faz pensar que a ameaça é real na sala de aula. E sobre o uso da imposição da vontade do adulto, seja no contexto familiar ou no escolar, Cunha (2002, p. 97) enfatiza:

> Ocorre que se os limites forem apresentados como frutos da vontade inquestionável dos mais velhos, podem levar ao reforço da heteronomia e do respeito unilateral [...] fica

obscurecida a percepção de que as regras são convenções e que podem, assim, ser mudadas dependendo da vontade coletiva.

Foi observado, no decorrer do estudo, que a escola se apropria de mecanismos coercitivos para vigiar, punir, moldar e controlar os limites entre sexualidade e gênero, perpetuando, assim, mitos associados ao tema. Logo, utiliza-se de esquemas de limitação de movimentos nas meninas e emoção nos meninos, exercitando a obediência na menina e vigiando seus movimentos. E isto acompanhado de expressões bastantes conhecidas, a exemplo de: *Uma boa menina não fala assim, Uma boa aluna não age dessa forma, Mocinha comportada não senta assim.*

Se for necessário, corrige o "mau comportamento", privando-a de participar da hora do recreio, impondo-lhe o silêncio ("Uma boa menina não responde à professora"). Neste contexto, a ameaça com suspensão às aulas, a conduz à direção ou seus pais são convocados para auxiliar na condução do comportamento da escola.

A família, por sua vez, sente-se na obrigação de cercear o comportamento da filha perante a ameaça de a escola não mais recebê-la. Quanto aos meninos da sala, quando as peraltices estão em excesso, os castigos e punições são, na maioria das vezes, esquecidos no decorrer da aula. Este comportamento da educadora recai nos cuidados que se deve ter com as meninas, criaturas frágeis e passivas, conforme construção alardeada. Ao serem questionadas sobre as características que as pessoas afirmam combinar com elas, as meninas enumeraram, em sua maioria, as naturalizadas pela sociedade vigente.

Quais as características as pessoas dizem que combina com você?

Gráfico 15                           Gráfico 16

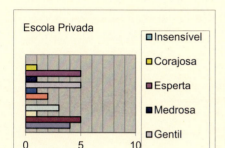 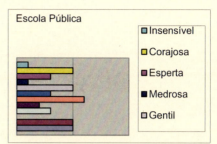

Fonte: questionário realizados nas escolas   Fonte: questionário realizados nas escolas

Sobre as características das meninas nas duas escolas, essas afirmam que as pessoas reconhecem nelas características conhecidas socialmente como atributos femininos.

A declaração das alunas ratifica-se na fala da professora da escola privada, quando classifica as meninas e meninos de obedientes e educados, mas apenas as meninas são calmas, pois a agressividade é uma característica "típica" do homem estas informações confirmam-se nos gráficos apresentados.

As alunas da escola pública mostraram-se mais obedientes. Fato que nos leva a refletir sobre o que as meninas dessa escola falaram sobre os castigos. É fato, a princípio, que a escola onde as meninas são mais castigadas, elas aparecem como mais obedientes, se dizem menos espertas e mais corajosas.

Oliveira (2004, p. 171) chama a atenção para o fato de que

> [...] à medida que a criança cresce aumenta a capacidade cerebral de autoconhecimento e de conhecimento do meio exterior e, com isto, a capacidade de sentir medo e prever o perigo.

Assim compreendido, as meninas estão corretas ao afirmarem que são espertas, pois, tornando-se obedientes diminuem ou cessam os castigos:

> [...] sensação de medo induz a uma certa prudência e cuidado, que impede comportamento inadequado, e pode conduzir a comportamento positivo, exigindo, por exemplo, um certo grau de preparação. [...] o medo poderá causar fracassos posteriores (OLIVEIRA, 2004 p. 172).

A menina considerada "rebelde" pela família é a que se rebela contra determinadas situações, sobretudo na relação com seu irmão que, quase sempre, sai em vantagem "por ser um menino". Essa rebeldia lhe custa caro, pois os castigos aumentam a cada insatisfação e percepção de injustiça.

Na escola privada as meninas afirmam ter mais medo das avaliações que dos castigos e talvez essa visão as leve a serem classificadas como mais agressivas e desobedientes.

Portanto, é certo que, mesmo com os avanços contemporâneos, a mulher ainda continua em sua luta desigual. Mas, também é certo que a escola pode contribuir para posteriores transformações na situação vigente, ajudando alunas e alunos a descobrirem suas particularidades, principalmente, respeitando-se mutuamente.

### 4.2.4 Com a Palavra: O Livro Didático

Os livros são selecionados pela direção e coordenação da escola com o auxílio das professoras, porém o poder de decisão da escolha não pertence as mesmas. Não possuem um período organizado para realizar a mudança do livro didático, podendo ocorrer anualmente, ou não. Percebe-se a preocupação com a transmissão de conteúdos na escola. Para trabalhar linguagem a escola pede que os pais comprem o livro e uma gramática, apesar de no livro já haver exercícios de gramática.

No livro de História, como na outra escola, se enaltece os feitos de heróis, exaltando suas virtudes bélicas, condutas heroicas, martírios. No capítulo que retrata a vida de Zumbi dos Palmares, um importante chefe de quilombos, os autores afirmam que o mesmo cometeu o suicídio para não se entregar vivo aos seus captores.

Pode ser observada a perpetuação de uma historiografia machista que não apenas omite a mulher e seus feitos, como abomina o comportamento chamado feminino pela sociedade. Segundo Moreno (1999, p. 49):

> Em lugar de descrever desapaixonadamente a conduta primitiva e pouco evoluída de alguns indivíduos que recorriam à destruição mútua por incapacidade de resolver seus problemas de uma maneira mais inteligente. Essa incapacidade, em lugar de ser ressaltada e posta em evidência, é disfarçada com termos como "valor" e "heroísmo", que têm a virtude de converter a estupidez em conduta desejável.

É necessário entender que as características que a sociedade atrela ao feminino são importantes para lidar com o outro. Os conflitos podem, e devem, ser resolvidos com o diálogo. Chorar, perder, ser submetido não faz com que a vida acabe. É necessário se trabalhar o diálogo, o perdão e o recomeço.

É fato que as guerras, os crimes e intrigas marcam a nossa história, porém se os nossos antepassados se dedicassem apenas a essas atividades não teríamos como ler as narrativas contidas nos livros.

É necessário se questionar: por que se priorizar essas atividades? A história é imparcial? Quem a conta faz parte de qual grupo? Quais ideologias são perpetuadas por meio dos livros didáticos? Onde estavam as mulheres enquanto os homens protagonizam tantas aventuras?

A mulher não tem história. Os livros são tendenciosos, carregados de ideologias. É necessário resgatar a figura feminina, principalmente na história, colocando-a ao lado do homem. Mostrar que o homem não viveu sozinho. Não construiu e inventou tantas maravilhas sozinho. Não construiu tanto conhecimento sozinho.

A mulher esteve ao seu lado em toda a jornada da humanidade e, em muitos momentos esteve à frente como foi mostrado por meio das mulheres que assumiram o papel de faraós no antigo Egito e não tem seus nomes divulgados nos livros escolares.

É imperativo realizar o resgate da participação feminina por meio da história da humanidade, e esta questão está intrinsecamente ligada a necessidade de identificar a importância da relação homem/mulher.

A presença da figura feminina no âmbito do poder para o futuro da humanidade também é premente, pois, como afirmam Muraro e Boff (2002, p. 48):

> E isto já está tão claro na consciência coletiva que as Nações Unidas, por meio do Fundo das Nações Unidas para a população – FNUAP, assim começa o seu relatório oficial de 2001, o primeiro deste milênio: 'A raça humana vem saqueando a Terra de forma insustentável e dar às mulheres maior poder de decisão sobre o seu futuro pode salvar o planeta da destruição'.

Segundo os autores o homem desenvolveu valores como a competitividade que só gera violência e a mulher, com seu altruísmo, necessário para lidar com os filhos, é a resposta para trazer solidariedade ao sistema produtivo e o Estado.

Esse altruísmo é necessário, também, para rever o processo de destruição da Terra e desenvolver a identidade planetária citada por Morin (2000) em seu livro *Os sete saberes necessários à educação do futuro*.

# CONSIDERAÇÕES FINAIS

O fato de todos estarem tão acostumados a frequentar a escola e, anos mais tarde, ver os filhos frequentando-a é tão naturalizado que não se pergunta o porquê da existência da escola, ou quando faz essa pergunta responde de maneira simples: "Para ter um local seguro onde deixar as crianças," ou "Para reproduzir a cultura estabelecida" entre outros.

Não convém entrar, neste estudo, em uma discussão voltada para a importância da escola. Mas, é importante se refletir, enquanto educadoras/educadores e mães/pais, sobre os diversos papéis que a escola pode desempenhar, e, entre eles, está o de auxiliar na formação da identidade da mulher considerada ideal: obediente, comportada, preocupada com a aparência para agradar ao outro.

Desta forma, legitimando, muitas vezes, o que foi aprendido na família, a escola auxilia na naturalização da submissão da mulher, preparando-a para não questionar sua condição na sociedade e não buscar explicações para várias situações, como por exemplo: um número de mulheres tem um nível de instrução mais elevado, mas as mulheres recebem salários menores que os homens pela mesma função; bem como a mulher têm menos chances de promoção, acrescentando que a inserção no mercado de trabalho considerado específico para os homens para as mulheres é mais difícil.

Faz-se necessário se atentar para o fato que, atualmente, é impossível pensar o desenvolvimento humano sem pensar na escola e sua relação com a cultura e mais: dificilmente poderemos entender a complexidade escolar sem incluir a diversidade das práticas educativas.

Nesse contexto de complexidades, multirreferencialidades e subjetividades, deve-se inserir a mulher no discurso da escola, haja vista, que, historicamente, essa aparece nos livros didáticos como se estivesse em sono profundo enquanto todos os fatos ocorriam no mundo, enquanto os saberes eram construídos.

A partir das observações nos livros didáticos utilizados pelas duas escolas, foi observado que autores colocam a figura feminina em alguns textos, sem, no entanto, mostrá-la ao lado das figuras masculinas, seja na construção dos saberes, seja na construção da história da humanidade.

O ambiente escolar precisa ser agradável para que as alunas e alunos sintam-se seguros e livres para expressarem suas ideias. E que, neste espaço, professoras integrem-se num só objetivo, buscando o desenvolvimento do equilíbrio e a coerência em um espaço carregado de contradições.

Um ambiente com tais características possibilita a motivação intrínseca e extrínseca entre educanda e educando. Do modo como ainda se apresenta a escola exclui as meninas do campo conteudístico, nas linguagens orais e escritas utilizando a vigilância do comportamento nos seus diversos espaços para a auxiliar.

Após as observações in loco e as análises e produções dos dados, foi observado que, na escola pública, os castigos são mais severos com as meninas e seus pais também as castigam com mais severidade do que na escola privada. Enfatiza-se, no entanto, que essa pesquisa científica não corresponde a um resultado final. Trata-se de mais uma leitura sobre o assunto.

Sobre as características das meninas nas duas escolas, as respostas sugerem que as pessoas envolvidas no processo educacional reconhecem, nas meninas, características denominadas femininas. Esta realidade pode ser notada por meio da entrevista da professora: os meninos e as meninas são obedientes e educados, mas apenas as meninas são calmas, pois agressividade é uma característica "típica" do homem.

Esta interpretação poda, completamente, o comportamento da menina e poderá trazer consequências graves no futuro. Com base nessa leitura desastrosa, as mulheres, muitas vezes, evitam tomar decisões na sua família, na escola e na família que constituirá.

As alunas da escola pública mostraram-se, conforme os dados produzidos, mais obedientes o que nos leva a refletir sobre o que as meninas dessa escola pensam sobre os castigos. Percebe-se que, na escola onde as meninas são mais castigadas elas mostram-se mais obedientes, se dizem menos espertas e mais corajosas. À proporção que uma criança cresce, aumenta sua capacidade de autoconhecimento e conhecimento do meio exterior e, com isto, a capacidade de sentir medo e prever o perigo aguça.

Desta forma, as meninas mostram-se corretas quando afirmam que são espertas, pois, tornando-se obedientes, diminuem ou cessam os castigos. A sensação de medo induz a uma certa prudência e cuidado, o que impede, na maioria das vezes, um comportamento inadequado e isto pode conduzir a um comportamento positivo, exigindo, por exemplo, um certo grau de preparação. Requer, no caso, um certo aparato pedagógico.

Quando a menina consegue entender essa situação está se utilizando de estratégias pedagógicas para lidar com o medo e, por conseguinte, sai

DE MENINA À MULHER

na vantagem. A menina utiliza a pedagogia do medo apreciada pelos seus pais e pela escola, para tirar vantagem da situação. Mas, lamentavelmente, nem todas conseguem perceber essa possibilidade. Estamos perante uma problemática que seria um ótimo tema para discussão acadêmica.

A cultura que emana dos depoimentos das professoras mostra-nos uma certa visão sobre o corpo e, consequentemente, sobre o mundo da vida, assim como, a intersubjetividade encarnada delineia seus caminhos e escreve sua história, auxiliando na perpetuação da submissão da mulher por meio das educandas.

A intervenção das educadoras sobre a corporeidade em desenvolvimento, ainda apresenta contornos definidos, herdados do pensamento ocidental, cristão, que, enquadrando o corpo como o lado "mau" do binômio corpo-alma, utiliza adjetivações, quase sempre pejorativas para denominá-lo e os disciplina para diminuir seus movimentos, principalmente o das meninas, que necessitam ser calmas e obedientes. Indivíduos do lar, aquelas que engravidam, alimentam e cuidam da prole e do provedor.

Nessa concepção das educadoras e da maioria das mulheres estão presentes o corpo-pecado e o corpo-sujeira da Eva que leva o homem a pecar e o corpo-vergonha, da Madalena a pecadora que, arrependida, tem vergonha dos seus atos passados. A junção desses traços culturais cria contornos e estabelece limites sobre o corpo vivido, pois, nele imprime uma identidade cultural e o mantém sob domínio, impondo-lhe normas, punições e recompensas, para que esse ser-corpo possa viver rigidamente atrelado ao social, cumprindo normas e sujeito a punições e recompensas e acabam por negá-lo.

E, ter o corpo negado é ser negado como ser no mundo, é ver negado o próprio mundo. Ser corpo-mulher-negado intui esse processo de construção cultural que nega o corpo feminino, afetando, inclusive, o universo relacional, fechando-se para o mundo, comportamento que se reflete em sua vida como professora.

Registra-se, neste momento da discussão, as dificuldades das professoras de estabelecerem um relacionamento mais pleno, mais caloroso, com seus alunos, pois tiveram seu processo de educação fortemente embasado na negação e no bloqueio de manifestações de sua corporeidade, norteado pelo medo que as impedia de movimentar-se como uma criança necessita.

E a escola não está sozinha nesse papel. O papel do adulto, como os pais e a professora, é fundamental para a transmissão de atitudes sexistas, pois demonstram expectativas que ajudam na construção da imagem do que é ser menino ou menina.

O medo é uma sensação sempre presente na vida das meninas: a ameaça de não ter o corpo perfeito, o medo de falhar na escola, etc. Como mensurar o equilíbrio emocional das meninas? A família e a escola, quase sempre, falham na tarefa de proteger e dar tranquilidade às meninas: não oferecem espaço físico, ou psicológico, para que se percebam a salvo dos problemas causados como resposta natural ao medo.

A questão do medo, associada à discussão de gênero, deve ser colocado como uma discussão central para o debate educacional. Seja na escola, na sala de aula, na formulação de políticas públicas, seja na pesquisa acadêmica, são dois temas que parecem cruciais, porque têm um reflexo social muito grande.

Um deles é o fracasso profissional das meninas, que, por terem sua espontaneidade e agressividade vigiadas, findam por não assumir locais de poder, principalmente na política. O outro aspecto relevante é que, sem a discussão, sem o alerta, esse quadro continua se reproduzindo por meio das próprias meninas, futuras mães e, muitas vezes, educadoras.

E, essa domesticação do corpo está a serviço de quem? Precisamos ter noção de que o corpo é agente de rebeliões. E, por isso, necessitamos nos relacionarmos bem com o nosso para, assim, nos rebelarmos a favor da valorização profissional, e promovermos um ensino de qualidade e, por conseguinte, a busca do respeito entre mulheres e homens. O corpo só fará rebeliões se estiver solto, livre e sem medos. E a escola é o cenário propício para essas transgressões.

Mas, para que a pedagogia do medo seja, a princípio, minimizada, seguindo-se, gradativamente, da sua extinção das escolas é necessário que o tema seja discutido nos espaços acadêmicos, nos cursos de formação de professores, e, é importante a realização de leituras e reflexões sobre o tema nas escolas.

Portanto, o papel do educador nas séries iniciais do Ensino Fundamental e Educação Infantil, é de extrema importância. Isto porque, o educador deve entender que escutar a si e ao outro torna-se uma condição fundamental para o reconhecimento e a comunicação, e, nessa dialética o educador deve rejeitar o medo como balizador de condutas. Porque para escutar, numa relação solidária, é preciso assumir a própria identidade, trabalhar os próprios medos e assumi-los relacionando-se, generosamente, com as diferenças para que sejam configuradas as constituições das coletividades humanas.

# REFERÊNCIAS

ALVES, Alexandre; OLIVEIRA, Letícia Fagundes de; BORELLA, Regina Nogueira. **Ligados com história** – 5º ano. São Paulo: Saraiva, 2014.

ANDRÉ, Marli Eliza Dalmazo de. **Etnografia da prática escolar**. Campinas: Papirus, 1995. (Série prática pedagógica).

ARIÈS, Philippe. **História social da criança e da família**. Tradução de Dora Flaksman. 2. ed. Rio de Janeiro: LTC. 1981.

AUAD, Daniela. **Educar meninas e meninos**: relações de gênero na escola. São Paulo: Contexto, 2006.

BAUMAN, Zygmunt. **Tempos líquidos.** Rio de Janeiro: Jorge Zahar Ed., 2007.

BEAUVOIR, Simone de. **O segundo sexo**. Rio de Janeiro, Nova Fronteira, 2009

BINGEMER, Maria Clara Lucchetti. **A emergência da mulher**: um fenômeno que "renova a face da terra". Disponível em http://agape.usuarios.rdc.puc-rio.br/artigosamaivos.htm. Acesso em: 18 out. 2006.

BOURDIEU, Pierre. **A dominação masculina**. 5. ed. Rio de Janeiro: Bertrand Brasil, 1998.

BRASIL. **Constituição da República Federativa do Brasil**. Rio de Janeiro: FAE, 1989.

BRASIL. Ministério da Educação e do Desporto. Secretaria de Educação Fundamental. **Referencial curricular nacional para a educação infantil**. Brasília: MEC/SEF, 1998. Vol. 2: Formação pessoal e social.

CAMBI, Franco. **História da pedagogia**. São Paulo: Fundação Editora da UNEP (FEU), 1999

CASTRO, Gilda de. **Professor submisso, aluno-cliente**: reflexões sobre a docência no Brasil. Rio de Janeiro: DP&A, 2003.

CASTRO, João José Pedreira de. **Bíblia Sagrada**. 48. ed. São Paulo: Ave Maria, 2003.

CHINELLI, Ana Paula. O evangelho segundo Judas. **Super Interessante**, São Paulo, abr./maio 2006.

CHIZZOTTI, Antônio. **Pesquisa em ciências humanas e sociais**. 5. ed. São Paulo: Cortez, 2001. (Biblioteca da educação. Série 1. Escola; v. 16).

CRAVO, Aléssia. Brincadeiras infantis "forjando identidades de meninas e de meninos". *In*: FAGUNDES, Tereza Cristina Pereira Carvalho (org.). **Ensaios sobre educação, sexualidade e gênero**. Salvador: Helvécia, 2005.

CRISTINA, Rosane (org.). **Projeto Buriti**: História. 5º ano. São Paulo: Moderna, 2016.

CUNHA, Marcos Vinicius da. **Psicologia da Educação**. Rio de Janeiro: DP&A, 2002.

DAMATTA, Roberto. **A casa e a rua**. Espaço, cidadania, mulher e morte no Brasil. 5. ed. Rio de Janeiro: Rocco, 1997.

FAGUNDES, Tereza Cristina Pereira Carvalho (org.). **Ensaios sobre gênero e educação**. Salvador: UFBA-Pró-Reitoria de Extensão, 2001.

FAGUNDES, Tereza Cristina Pereira Carvalho (org.). **Ensaios sobre educação, sexualidade e gênero**. Salvador: Helvécia, 2005.

FERREIRA, Aurélio Buarque de Holanda. **Novo dicionário da língua portuguesa**. 14. ed. Rio de Janeiro: Fronteira, 1975.

FOUCAULT, Michel. **Vigiar e punir**: nascimento da prisão. Trad. de Raquel Ramalhete. Petrópolis: Vozes, 1987.

FOUCAULT, Michel. **A ordem do discurso**. Tradução de Laura Fraga de Almeida Sampaio. 10. ed. São Paulo: Loyola, 2004.

FRANÇA, Robson Luiz de (org.). **Seminários de acesso ao doutoramento em educação**: correntes críticas do currículo. Uberlândia: [*s. n.*], 2005.

FREYRE. Gilberto. **Casa-grande & senzala**: formação da família brasileira sob o regime da economia patriarcal. São Paulo: Global, 2004.

FRIGOTTO, Gaudêncio. O enfoque da dialética materialista na pesquisa educacional. *In*: FAZENDA, Ivani. (org.). **Metodologia da pesquisa educacional**. São Paulo: Cortez, 1991.

GALLAGHER, Winifred. **Identidade**: a genética e a cultura na formação da personalidade. São Paulo: Ática, 1998.

GOLDENBERG, Mirian. **A arte de pesquisar**: como fazer pesquisa qualitativa em Ciências Sociais. 5. ed. Rio de Janeiro: Record, 2001. p. 31-35.

HITE, Shere. **O orgulho de ser mulher**. Tradução de André Telles. Rio de Janeiro: Sextante, 2004.

KISHIMOTO, Tizuko Morchida. Os jogos no desenvolvimento e na formação da criança. *In*: KISHIMOTO, Tizuko Morchida. **O jogo e a educação infantil**. São Paulo: Ed. Pioneira, 2000.

PAIVA, .......... *in* LOPES, Eliane Marta Teixeira; FILHO, Luciano Mendes de Faria; VEIGA, Cynthia Greive. **500 anos de educação no Brasil**. 2. ed. Belo Horizonte: Autêntica, 2000.

LOURO, Guacira Lopes; NECKEL, Jane Felipe; GOELLNER, Silvana Vilodre (org.). **Corpo, gênero e sexualidade**: um debate contemporâneo na educação. Petrópolis: Vozes, 2003.

MACEDO, Roberto Sidnei. Reflexões e inspirações teórico-epistemológicas fundamentais para a etnopesquisa crítica. **A Etnopesquisa crítica e multirreferencial** nas ciências humanas e na educação. 2. ed. Salvador: EDUFBA, 2004.

MARX, Karl. **O Manifesto Comunista**. São Paulo, Boitempo, 1997.

MEIHY, José Carlos Sebe Bom. **Manual de História Oral**. São Paulo: Loyola, 2000.

MELATTI, Julio Cesar. **Índios no Brasil**. 2. ed. Brasília, Editora de Brasília, 1970.

MELO, Sonia Maria Martins de. **Corpos no espelho**: a percepção da corporeidade em professoras. Campinas, SP: Mercado de Letras, 2004.

MEYER, Dagmar; SOARES, Rosângela. **Corpo, gênero e sexualidade**. Porto Alegre: Mediação, 2004.

MORENO, Montserrat. **Como se ensina a ser menina**: o sexismo na escola. Tradução de Ana Venite Fuzatto. São Paulo: Moderna, 1999.

MORIN, Edgar. **Os sete saberes necessários à educação do futuro**. São Paulo: Cortez, 2000.

MURARO, Rose Marie. **A mulher no terceiro milênio**: uma história da mulher Por meio dos tempos e suas perspectivas para o futuro. 6. ed. Rio de Janeiro: Record, 2000.

MURARO, Rose Marie; BOFF, Leonardo. **Masculino e feminino**: uma nova consciência para o encontro das diferenças. Rio de Janeiro: Sextante, 2002.

NOBLECOURT, Christiane Desroches. **A mulher no tempo dos faraós**. Campinas: Papirus, 1994.

NYE, Andréa. **Teoria feminista e as filosofias do homem**. Tradução de Nathanael C. Caixeiro. Rio de Janeiro: Record, 1995.

OLIVEIRA, Rui de. **Domine a sua agressividade interior e liberte o seu gênio para o sucesso**: orientação neuropsicossocial para aprimorar o comportamento instintivo-emocional humano. Catanduva, SP: Respel, 2004.

PASSOS, Elizete Silva *et al*. **Ensaios sobre gênero e educação**. Organização de Tereza Cristina Pereira Carvalho Fagundes. Salvador: UFBA-Pró-Reitoria de Extensão, 2001. (Série UFBA em Campo; Estudos).

PIAGET, Jean. **Seis estudos de Psicologia**. Tradução de Maria Alice Magalhães D'Amorim e Paulo Sergio Lima Silva. 24. ed. Rio de Janeiro: Forense Universitária, 1999.

Referencial Curricular Nacional para a Educacao Infantil/ Ministério da Educaçao e do Desporto, Secretaria de educacao Fundamental_Brasília: MEC/SEF,1998.

RIBEIRO, Luisa Santos. **História da educação brasileira** - A organização escolar. 16. ed. ver. Campinas, SP: Autores Associados, 2000.

SILVA, Tomaz Tadeu da (org.). **Identidade e diferença**: a perspectiva dos estudos culturais. Petrópolis: Vozes, 2000.

SILVA, T. T. da. **Documentos de identidade**: uma introdução às teorias do currículo. Belo Horizonte: Autêntica, 1999.

THOMPSON, Paul. **A voz do passado**: história oral. Tradução de Lólio Lourenço de Oliveira. Rio de Janeiro: Paz e Terra, 3ª Edição, 2002.

VICENTINO, Cláudio. **História Geral**. São Paulo: Scipione, 2002.

VYGOTSKY: **Aprendizado e desenvolvimento um processo sócio-histórico**. 5 ed. São Paulo: Scipione, 2010. (Coleção pensamento e ação na sala de aula).

WEREBE, Maria José Garcia. **Sexualidade, Política, Educação**. Campinas: Autores Associados, 1998.